일상에서 만나는 구약의 언어

일상에서 만나는 구약의 언어

지은이 | 왕대일
초판 발행 | 2025. 03. 26
등록번호 | 제1988-000080호
등록된 곳 | 서울특별시 용산구 서빙고로65길 38
발행처 | 사단법인 두란노서원
영업부 | 2078-3333   FAX | 080-749-3705
출판부 | 2078-3331

책 값은 뒤표지에 있습니다.
ISBN 978-89-531-5067-6 03230

독자의 의견을 기다립니다.
tpress@duranno.com   http://www.duranno.com

두란노서원은 바울 사도가 3차 전도여행 때 에베소에서 성령 받은 제자들을 따로 세워 하나님의 말씀으로 양육하던 장소입니다. 사도행전 19장 8-20절의 정신에 따라 첫째 목회자를 돕는 사역과 평신도를 훈련시키는 사역, 둘째 세계선교(TIM)와 문서선교(단행본·잡지) 사역, 셋째 예수문화 및 경배와 찬양 사역, 그리고 가정·상담 사역 등을 감당하고 있습니다. 1980년 12월 22일에 창립된 두란노서원은 주님 오실 때까지 이 사역들을 계속할 것입니다.

두
글
자
로

새
기
는

일상에서 만나는
구약의 언어

● 왕대일 지음

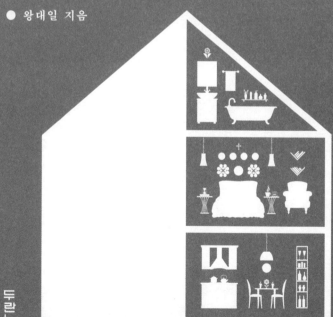

두란노

일상의 문文이 일상 너머의 문門이 되는 감격

여기에 실린 글은 2023년과 2024년 〈목회와 신학〉 '그말
씀'에 연재한 원고의 일부다. 당시 '그말씀'은 일상에서 주고
받는 우리의 언어를 성경적으로 물어보거나, 성서적으로 되
새겨 보거나, 신학적으로 풀어 보는 과제를 안겼다. 그 과제의
지문이 두 글자로 표현된 일상 언어였다.

'그말씀'이 내준 과제로 글말을 짓던 여정은 나에게 일상
의 두 글자를 통해서 말씀에 들어서는 기회를 누리게 했다. 말
이 말씀으로, 말씀이 말 쓰임으로, 말 쓰임이 말 숨으로 변화
되고 새로워지며 채워지는 은총을 누리게 했다. 이 책에 수록
된 열두 개의 낱말 '화목, 나눔, 행복, 약속, 눈물, 웃음, 부모,
자녀, 빛과 어둠, 평안과 불안, 미움과 용서, 풍요와 가난'을 성
경 말씀의 지평선에서 묻고 불리며 풀고 새겨 본 결과다.

우리말 사전에서 일상을 가리키는 말은 여럿이다. '항상
변함없는(常) 나날(日)'이 일상이지만, 그 일상을 가리키는 우리

말은 하나가 아니라 여럿이다. 일상을 두고 '늘상, 늘, 날마다, 만날, 밤낮, 밤낮없이, 자나 깨나, 언제나, 노상, 가나오나'로도 부른다. 일상이란 실상 다채로움을 담고 있는 시공간이라는 뜻을 넌지시 내비치고 있다. 일상이란 글자는 우리말 개역개정 성경에는 나오지 않는다. 일상 대신 일상과 결이 비슷한 항상이라는 글자가 여러 번 나온다. 예컨대 구약의 시인은 "내가 여호와를 항상 송축함이여 내 입술로 항상(타미드) 주를 찬양하리이다"(시 34:1)라고 고백한다. 이때 '변함없이, 줄곧, 늘상'이란 뜻을 지닌 히브리어 부사 '타미드'에 상응하는 우리말이 '항상'이다. 이 '항상'이라는 글자를 사용한 시편 기자의 고백에서 주목할 것은, 일상의 가락을 채워가는 속내가 항상 주 하나님을 찬양하는 언어라는 점이다.

일상을 세워 가는 기둥은 언어다. 일상어의 결에 따라서 일상의 격이 달라진다. '나날말'이 무엇인지에 따라서 '나날살이'의 높낮이가 달라진다. 주고받는 말글살이에 따라서 사람살이의 품격이 달라진다. 혼자서, 홀로 지낸다고 해서, 말하지 않는 것이 아니다. 홀로 생각하고, 혼자서 지내는 시간에도

'몸나'(신체적 자아)가 '얼나'(정신적, 감정적 자아)에게 거는 말은 쉬지 않고 이어진다. 흔히 묵상이나 침묵을 언어의 반대말로 꼽지만, 묵상이나 침묵은 그 자체가 또 다른 언어다. 묵상(默想), 즉 '잠잠할 묵(默)' '생각할 상(想)'은 묵음(默音), 곧 숨은 소리이고, 침묵은 말 없음이나 말 삼킴의 말이다.

《어른의 어휘력》이란 책이 있다. '말에 품격을 더하고 세상을 올바르게 이해하는 힘'이란 부제가 딸린 책이다. 사전적으로 어휘력은 어휘를 마음대로 부리어 쓸 수 있는 능력이다. 이 어휘력이란 글자를 가지고 이 책은 우리에게 어른다운 어휘력을 갖추자고 호소한다. 사람의 영혼을 환하게 밝히는 말을 써보자고 제안한다(유선경, 《어른의 어휘력》, 147-153).

하나님의 사람이라면 하나님의 언어를 나의 말로 품을 줄 알아야 한다. 그리스도인이라면 거룩한 경(經)의 말씀을 나의 말글로 풀 줄 알아야 한다. 성령의 도구로 쓰임 받는 사람이라면 거룩한 책(書)의 말씀을 나의 글말로 되새겨야 한다. 날마다 새롭게 하시는 창조주 하나님의 은총을 일상으로 누리는 사람이라면 하나님의 말씀으로 세상사를 누벼야 한다. 예수 그리스도 안에서 구원받음의 일상을 날마다 새롭게 펼치는 사람이라면 하늘의 언어로 세속의 말을 다듬어야 한다.

나날살이는 말글살이다. 일상의 말글이 무엇이냐에 따라서 그리스도인의 나날은 문(文)이 문(門)이 되는 은총을 체험하게 한다. 언어는 글월 문(文)이다. 그 일상의 문(文)을 묻고, 불리고, 풀며, 새길 때 우리는 그 말·글을 통해 믿음의 세계로 나가는 문(門)에 들어설 수 있다. 일상의 문(文)이 일상 너머의 문(門)이 되는 감격을 누릴 수 있다. 우리가 예수 그리스도 안에서 창조주 하나님의 은총을 누비며 살기 때문이다.

하나님께서 지으신 세상을 누비기 위해서는 하나님의 말씀에 우선 들어서야 한다. 하나님의 워드(Word)가 귀에 들려야 하나님의 월드(World)를 몸으로 살아갈 수 있다. 하나님을 지칭하는 한자어 신(神)의 됨됨이가 '보일 시(示) + 펼 신(申)'이라는 사실도 이런 깨달음에 한몫한다. 성경을 펼쳐야(申) 하나님을 제대로·바르게·온전히 볼(示) 수 있다.

일상의 언어로 구약의 말씀을 새길 수 있어서 참 감사하다. 일상의 말글로 하나님의 말씀을 헤아려 볼 수 있어서 참 기쁘다. 일상의 언어로 구약의 말씀에 들어서게 한 '그말씀'과 그 걸음걸이를 한 권의 책으로 펴낸 두란노서원에게 감사한 마음을 전한다. 그리고 '늘상' 이렇게 저렇게 모자란 나를 위해 '항상' 든든한 버팀목의 '일상'을 살아 내는 아내가 참 고맙다. 그 고마움 덕분에 또 하나의 열매가 빛을 보았다.

2025년 3월 【 왕 대 일 】

1부

구약의 언어로
하나님과 가까워지기

화
목

화목은 회복이고

회복은 회개에서 시작한다

화목의 너비, 화평에서 화친까지

구약에서 화목은 낯설다. 구약에 화목이 없어서가 아니라 화목이란 낱말이 우리말 구약성경에서는 그리 크게 두드러지지 않기 때문이다. 화목에 상응하는 히브리어 낱말은 단연 샬롬(שלום)이다. 그렇지만 샬롬은 화목만을 의미하지 않는다.

구약에서 샬롬의 쓰임새는 넓다. 가령, 길을 떠나는 사람에게 '평안히(베샬롬, in peace) 가라'(창 26:29)라고 말한다. 죽음의 자리는 '평안히(베샬롬) 조상에게로 돌아가는'(창 15:15) 상황이고, 서로 안부를 주고받을 때 "그가 평안하냐"(하샬롬 로)라고 물으면 "평안하다"(샬롬)라고 화답하였다(창 29:6, 참조 삼상 1:17; 삼하 11:7).

염려나 근심, 다툼이나 갈등이 없는 상황에서도 샬롬이 쓰인다. "내가 평안히(베샬롬) 눕고 자기도 하리니"(시 4:8)나 "여호와께서 자기 백성에게 평강(밧샬롬, with peace)의 복을 주시리로다"(시 29:11)가 그런 사례다. 때로는 평안(샬롬)의 동의어로 형통함(샬봐, שלוה, quietness 또는 security)이 거론되기도 한다. "네 성안에는 평안(샬롬)이 있고 네 궁중에는 형통함(샬봐)이 있을지어다"(시 122:7)가 그런 경우다.

화목은 샬롬(평안·평화·화평·평강)과 그 의미의 지평에서 다르다. 화목은 그 뜻이 '나와 너 사이'로 다가서지만, 샬롬은 그렇지 않다. 샬롬은 전쟁이나 폭력, 갈등이나 분쟁이 없는 상태이기도 하고, 개인이 누리는 건강을 나타내기도 하며, 공동체가 지키는 온전한 상태를 지칭하기도 한다. 번영이나 성공, 웰빙(well-being)이나 구원도 샬롬으로 표현된다.

개역개정에서 화목이 소개되는 구약의 본문은 다음 세 구절이다.

> 너는 하나님과 화목하고 평안하라 그리하면 복이 네게 임하리라 욥22:21

> 그는 손을 들어 자기와 화목한 자를 치고 그의 언약을 배반하였도다 시55:20

> 마른 떡 한 조각만 있고도 화목하는 것이 제육이 집에 가득하고도 다투는 것보다 나으니라 잠17:1

이 세 구절에 표기된 "화목하고"(욥 22:21), "화목한 자"(시 55:20), "화목하는 것"(잠 17:1)에 상응하는 히브리어는 각각 동사 '싸칸'(히필형, 욥 22:21), 명사 '샬롬'(시 55:20), 명사 '샬봐'(잠 17:1)다. 시편 55편 20절에서는 히브리어 샬롬이 우리말 화목으로 표기되어 있지만, 욥기 22장 21절이나 잠언 17장 1절은 그렇지 않다.

욥기 22장 21절의 '그와 화목하라(하스켄-나 임모) 그리고 그와 평안하라(우셸름 바헴)'에서 '그와 화목하라'(acquaint now thyself with Him)는 '그와 평안하라'(be at peace with Him)는 뜻이지만, 잠언 17장 1절에서 화목하는 것(샬봐-바, in quietness)은 다투는 것(찌브헤이-리브, feasting with strife)의 반대말이다. 욥기 22장 21절에 쓰인 히브리어 동사 싸칸은 기본적으로는 '친숙하게 지내다'(be familiar with)라는 뜻이다. 이에 비해 잠언 17장 1절에 나오는 히브리어 샬봐는 '조용한'(be quiet) 상태를 가리키는 히브리어 동사(샬라·샬레)에서 비롯되었다.

개역개정의 구약에는 화목의 동의어들이 나온다. 화평(삿 4:17; 삼하 20:19; 시 28:3; 85:10; 잠 12:20; 겔 34:25 등), 화합(삼상 29:4; 에 9:27), 화친(수 9:15; 10:1; 왕상 20:18; 욥 5:23; 사 27:5). 즉 화목의 쓰임새를 화평·화합·화친으로 보게 한다. 예컨대 화목의 목적은 화평이고, 화목의 내용은 화합이며, 화목의 방식은 화친이다.

천자문에는 "상화하목 부창부수"(上和下睦 夫唱婦隨)라는 구문이 있다. '윗사람이 화(和)하면, 즉 온화(溫和)하면, 아랫사람은 목(睦)하고, 즉 공손(恭遜)하고, 남편이 이끌면 아내는 따른다'라는 뜻이다. 화목의 목(睦)을 공손으로 해석하는 것은 목(睦)자의 생김새가 눈 목(目)과 평평한 땅 륙(坴)으로 이루어져 있기 때문이다. '눈이 평평하다' 곧 '눈이 온순하다'는 뜻이 이 글자의 차림새다.[1] 화목의 출발은 쌀(禾)을 나누어 먹는(口) 것이고, 화목의 열매는 서로 온순하게 바라보는 것이다.

화목의 자형적 의미가 서로서로 온순하게(!) 바라보며 어울리는 시공간을 가리킨다는 점에서 화목은 그 뜻이 히브리어 샬롬 안에 속한다. 그렇지만 히브리어 샬롬의 우리말 표기 샬롬은 화목만을 지칭하지는 않는다. 샬롬의 의미가 공(公)적인 영역으로 뻗어 갈 때 화목의 뜻은 보다 사(私)적인 관계로 좁혀진다. 화목한 사이, 화목한 가족, 화목한 공동체라고 하지 않는가.

하나님과의 화목

개역개정의 구약은 화목을 윤리나 도덕이 아닌 신앙과 신학의 언어로 되새긴다. 화목의 자리를 세상살이의 날줄이 아닌 하나님과의 관계를 회복하려는 씨줄로 정한다.

너는 하나님과 화목하고 평안하라 그리하면 복이 네게 임하리라 청하건대 너는 하나님의 입에서 교훈을 받고 하나님의 말씀을 네 마음에 두라 네가 만일 전능자에게로 돌아가면 네가 지음을 받을 것이며 또 네 장막에서 불의를 멀리하리라

욥 22:21-23

구약에서 화목은 회복이다. 사람살이의 매무새를 하늘에 계신 하나님을 긍정하는 생각의 전환으로 이끈다. 사실 욥기의 "하나님과 화목하고 평안하라"는 말은 욥이 아니라 욥의 친구 엘리바스가 욥에게 한 말이다. 욥기는 욥과 욥의 친구들(소발, 빌닷, 엘리바스)이 주고받는 논쟁 형식의 대화로 이뤄져 있다. 욥기의 줄거리가 논쟁이고 그 논쟁의 핵심에 세상사를 인과응보로 풀어 가는 지혜담론에 대한 욥의 저항이 있다는 사실은 엘리바스의 말이 욥기의 요절이 아니라는 사실을 일깨워 준다.

흔히 욥기의 요절을 욥의 말이 아닌, 욥의 친구들이 쏟아낸 말(예컨대 욥 8:7)에서 찾고 있지만, 욥기는 그렇게 읽어서는 안 된다. 욥기의 초점은 신실한 사람이 겪는 고난의 이치를 전통적인 지혜담론으로는 다 헤아릴 수 없다는 깨달음에 있다. 욥기의 어조가 반(反)지혜이지만, 잠언의 지혜로 무장한 말글로는 욥의 처지를 제대로 판단할 수 없다는 가르침에 욥기의 메시지가 있다.

그런데도 욥의 친구들과 욥이 주고받는 논쟁의 끝부분에 소개된 "너는 하나님과 화목하고 평안하라 그리하면 복이 네게 임하리라"라고 외친 엘리바스의 말은 지나칠 수 없다. 욥기가 전하는 깨달음의 신앙이 정통에서 벗어나는 질주(?)가 되지 않게 하려는 제어장치 역할을 이 구절이 수행하기 때문이다. 전통이 반드시 정통은 아니라고 해도, 전통에서 벗어난 변혁이 늘 옳은 것은 아니라는 것이다.

엘리바스의 말을 표준새번역 성경은 이렇게 옮겼다. "그러므로 너는 하나님과 화해하고, 하나님을 원수로 여기지 말아라. 그러면 하나님이 너에게 은총을 베푸실 것이다." 여기서 "하나님과 화해하라"로 옮겨진 구문은 히브리어로 '하나님과 친숙한 자가 돼라'나 '하나님을 섬기는 자가 돼라'라는 뜻을 지닌다. 아무리 고난 중에 있더라도 하나님을 외면하는 샛길이 아닌 하나님을 경외하는 바른길을 걸으라는 것이다. 욥기 22장 21절의 히브리어 구문(하스켄-나 임모, 우셀름 바헴 테보아트카 토바)은 이렇게도 옮길 수 있다. '이제 하나님과 가까워지고 평안히 있으라. 그리하면 정녕 좋은 일이 네게 있을 것이다.' 그래서 하는 말이다. '너는 하나님 말씀을 네 마음에 두라… 너는 전능자에게로 돌아가라.'

욥기에서 욥의 말은 듣기에 거칠다. 듣기에 반(反)신앙적이다. 선한 자가 형통하고 악한 자는 벌을 받는다는 잠언의 진리가 세상사에서는 그대로 적용되지 않는다고 욥이 외치고 있기 때문이다. 하지만 그렇다고 해서, 욥의 음성에 담긴 욥기의 탄식이 하나님의 임재를 부정하는 쪽으로 내닫고 있다고 단정해서는 안 된다. 욥의 말에 잠언의 지혜를 부정하는 소리가 담겨 있지만, 그것은 어디까지나 잠언의 지혜를 넘어서려는 시도이지 지혜의 정당성을 부정하는 소리는 아니다.

즉 '지혜를 넘어서려는'(beyond wisdom) 몸짓이지 '지혜를 부인하려는'(against wisdom) 절규가 아니다. 욥의 말이 잠언의 하나님에 대해서 회의적이라고 해서 욥기가 하나님의 잠언을 외면하고 있다고 단정해서는 안 된다. 엘리바스의 말에 욥이 어떻게 대꾸하였던가? "그런데 내가 앞으로 가도 그가 아니 계시고 뒤로 가도 보이지 아니하며 그가 왼쪽에서 일하시나 내가 만날 수 없고 그가 오른쪽으로 돌이키시나 뵈올 수 없구나 그러나 내가 가는 길을 그가 아시나니 그가 나를 단련하신 후에는 내가 순금같이 되어 나오리라"(욥 23:8-10)가 아닌가.

"하나님과 화목하라"는 욥기의 외침은 창조주 하나님이 없다고 단정하는 사람들을 깨우치는 소리다. "하나님과 화목하라"는 욥기의 소리는 '하나님 없는 종교'(religion without God)를 찾아 나서는 인본주의자들을 향한 경고다. 사람의 문제는, 세상의 과제는, 세상살이의 난제는, 하나님의 임재를 회복하는 데서부터 풀린다. 화목은 회복이고, 회복은 회개에서 시작한다. 하나님을 인정하는 삶이 화목의 지름길이다. 창조주 하나님에게로 돌아오는 회개가 진정한 화목이다.

사람들과의 화목

구약에서 화목은 배반과 배신의 반대말이다. '화목(和睦)하다'를 가리키는 우리말이 '의초롭다' '의좋다' '사이좋다'라는 점도 이런 뜻을 헤아리는 데 도움이 된다. 등지지 않는 것, 등 돌리지 않는 것, 걷어차지 않는 것이 화목이다. 그런 예를 다루는 구절이 시편 55편이다.

> 그는 손을 들어 자기와 화목한 자를 치고 그의 언약을 배반하였도다 그의 입은 우유 기름보다 미끄러우나 그의 마음은 전쟁이요 그의 말은 기름보다 유하나 실상은 뽑힌 칼이로다 네 짐을 여호와께 맡기라 그가 너를 붙드시고 의인의 요동함을 영원히 허락하지 아니하시리로다 시 55:20-22

시편 55편은 친구에게 배신당한 자가 토로하는 탄식이다. 단순한 친구가 아니다. 함께 우정을 나누며 어울려 하나님의 집을 드나들곤 하던(시 55:14) 자다. 그런 친구 사이가 틀어져서 지금은 시편 기자를 미워하고 비난하고 조롱하는 원수와 악인이 되어 버렸다(시 55:3, 12). 시편 55편에서 시인을 비난하며 미워하는 자는 한때 시인의 동료, 친구, 가까운 벗(친우)이었다(시 55:13).

시편 55편은 배신당한 자가 배신한 자를 향해 쏟아놓는 거친 탄식을 글말의 어조로 삼는다. 그중에서도 20절은 배신당한 자가 배신한 자의 짓거리를 토로하는 내용이다. "그는 손을 들어 자기와 화목한 자를 치고(샬라흐 야다브 비쉬로마브) 그의 언약을 배반하였도다(힐렐 베리토)." 이 구절을 새번역은 "나의 옛 친구가 손을 뻗쳐서, 가장 가까운 친구를 치는구나. 그들과 맺은 언약을 깨뜨리고 욕되게 하는구나"라고 옮겼다.

여기서 눈여겨볼 대목은 "자기와 화목한 자"(뷔쉬로마브)다. 이 구절은 문자적으로는, '자기와 더불어 평안·편안을 누린 사람들'(those who were at peace with him), 곧 "가장 가까운 친구"(새번역)를 가리킨다. 여기서 "화목한 자"는 '서로 샬롬을 나누는 사람'이다. 사람과 사람 사이가 평안한·편안한 상태라는 지적이다. 이런 맥락에서 20절이 가리키는 화목은 사람과 사람 사이에 무엇이 있어야 하는지를 일깨우는 보금자리가 된다.

말의 뜻만 놓고 보면, 우리말에서 평안과 편안은 그 어감이 서로 비슷하다. 하지만 그 쓰임새는 차이가 있다. 마음이 누리는 샬롬은 평안(平安)이지만, 몸이 누리는 샬롬은 편안(便安)이다. 시편 55편 20절이 다루는 화목의 소재는 오랜 친구 사이에 두텁게 쌓여 있던 마음과 몸의 샬롬이다. 그런데 그동안 서로 누리고 나누던 마음과 몸의 평안·편안이 깨져 있는 상태가 여기서 화목의 문제가 된다. 깨진 이유는 잘 모른다. 시편

55편은 그 이유에 대해 말하지는 않는다.

시편 55편은 글말의 양식에서 탄원시에 속한다. 양식비평이라고 부르는 시편 해석 방법에 따르면, 탄원시에는 두 개의 의문사가 으레 동반된다. '어찌하여'와 '언제까지'. 시편 55편에는 이런 의문사가 나오지 않는다. 그렇지만 숨 가쁘게 쏟아지는 탄원과 탄식이 글말의 끝에 가서 하나님을 향한 신뢰나 하나님이 주시는 신뢰에 관한 고백으로 대미를 장식하는 모양새에서는 예외가 아니다. 탄원과 탄식, 청원과 원망, 저주와 악담으로 이어지던 기도가 끝에 가서는 하나님으로부터 들리는 소리로 글말의 분위기를 바꾸는 형식은 시편 55편에서도 고스란히 드러난다. 시편 55편의 말미에서 "네 짐을 여호와께 맡기라 그가 너를 붙드시고 의인의 요동함을 영원히 허락하지 아니하시리로다"(시 55:22) 하지 않는가.

탄원시의 구도는 탄원에서 구원으로 가는 흐름을 띤다. 단순히 하나님을 원망하는 말로 그치지 않고, 단순히 원수가 된 자를 향해 퍼붓는 저주로 머물지 않고, 하나님이 주시는 구원을 향한 힘찬 다짐으로 그 대미를 장식한다. 앞에서도 거론했지만 시편 55편에는 한때 자기와 더불어 마음의 평안과 몸의 편안을 나누던 친구가 어느 날 느닷없이 손을 뻗쳐 자기를 쳤다는 충격이 고스란히 남아 있다. 그런 까닭에 시편 55편은 한때 친구였던 사람이 그럴듯하게 쏟아낸 말에 당하고 말았다는 안타까움을 여과 없이 쏟아낸다. 그들이 그동안 서로 언약을 맺은 사이(시 55:20b)였던 것으로 보아 배신당한 사람이나 배신한 사람이나 믿음의 길을 함께 걸어가던 도우(道友)였다.

시편 55편이 전하는 화목의 참모습이 여기에 있다. 시편 55편 20절은, 역설적으로, 배신당한 자가 겪는 아픔, 두려움, 분노를 통해서 화목이 무엇인지를 드러낸다. 화목을 잃은 공간에 아픔이 도사린다. 화목을 빼앗긴 자리에 두려움이 앞선다. 화목을 잊은 시공간에 분노가 있다.

화목은 사람(人)과 사람 사이(間)에 무엇이 있어야 하는지를 가르쳐 주는 화두다. 화목은 사람 사이를 건강하게 세워 가는 주춧돌이다. 화목은 길(道)을 같이 걸어가는 사이가 경험하는 은총이다. 하나님과 화목한 자는 하나님의 사람들과도 화목을 나누고, 누리며, 이루어 가야 한다.

가정에서의 화목

구약의 화목은 가정에서의 화목으로 치닫는다. 하나님과 화목한 자, 하나님의 사람들과 화목한 자는 그가 삶의 둥우리로 삼는 가정에서도 화목을 일구는 청지기가 되어야 한다. 사람살이의 현실에는 화(火, 禍)가 득실대지만, 하늘 아버지의 은총을 누리는 자는 화(火, 禍)가 있는 자리에 화(和)를 심는 도구가 되어야 한다. 그것을 드러내는 본문이 잠언 17장 1절이다.

마른 떡 한 조각만 있고도 화목하는 것이 제육이 집에 가득하고도 다투는 것보다 나으니라 잠 17:1

잠언의 현장은 삶이다. 생활이다. 생활신앙이다. 사람살이의 일상에는 먹는 것이 반드시 빠지지 않는다. 먹거리가 무엇인지에 따라서 사람살이의 높낮이가 구별될 정도다. 우리 사회도 옛적에는 고기를 먹는 일이 지금처럼 흔하지 않았다. 아니, 참으로 귀했다. 잠언 17장 1절은 그랬던 실상을 신앙의 언어로 담금질하는 말씀이다. "마른 빵 한 조각을 먹으며 화목하게 지내는 것이, 진수성찬을 가득히 차린 집에서 다투며 사는 것보다 낫다"(새번역)라는 말씀에는 "마른 빵 한 조각"과 "진수성찬"의 대조가 있다. "화목하게 지내는 것"과 "다투며 사는

25

것"의 대비가 있다. 이런 대조·대비를 통해서 무엇이 더 나은지, 아니, 무엇이 더 일상을 건강하게 하는지를 선택하도록 촉구한다.

잠언 17장 1절은 이렇게도 읽을 수 있다. '낫다, 마른 떡 한 조각을 갖고도 조용히 있는 것이, 제사 음식을 놓고 늘 싸움질하는 집보다(토브 파트 하레바 베샬바-바, 밉바이트 말레 찌브헤이-리브).' 우리말 성경에서 "화목하는 것"(개역개정)이나 "화목하게 지내는 것"(새번역)으로 옮겨진 히브리어 구문은, 문자적으로는 '조용한'이란 뜻이다. 화목의 의미를 '마른 떡 한 조각이라도 조용히 나누는 집이 싸움 잔치로 시끄러운 집보다 낫다'라는 데서 찾았다. 히브리어 구문 '찌브헤이-리브'는 '제단 위에 드린 제물을 놓고 다투는 싸움질'을 가리킨다. 문맥상 여기 '쩨바흐'는 화목제(바흐 셸라밈)를 지칭한다.

화목제의 절정은 하나님께 드리고 난 뒤 남은 제물을 서로 나누어 먹는 공동 식사에 있다. 그래서 아무리 제육이 가득한 집이라도 그 고기가 누구 입에 들어가느냐를 놓고 서로 다툰다면 그것은 화목제물의 정신에 어긋난다고 지적한다. 잠언 17장 1절은 화목의 속내를 조용함(평안함)으로 채운다. 싸움질(리브)이 없는 시공간을 화목의 현장으로 삼았다.

어떻게 해야 화목을 사람살이의 둥지에 채울 수 있을까? 고(故) 이어령 선생이 한 공중파 방송에서 〈이어령의 100년 서재〉라는 프로그램을 진행했을 때다. 명동 거리(?)에 나가 지나가는 사람들에게 설문조사 형식으로 물어보았다. "집에는 무엇이, 누가 있어야 행복할까요?" 그 질문에 "어머니"라고 대답한 사람도 있었고 "아내"라고 대답한 사람도 있었다.

그중에 이렇게 대답한 자가 있었다. "집에는 dog가 있어야 합니다." 그때 이어령 선생이 그 말을 받아서 이렇게 자기 이야기를 이어 나갔다. "dog의 앞뒤 글자를 바꾸면 무엇이 되지요? God입니다. 집에는 God(하나님)이 있어야 합니다." 순간 가슴이 뭉클했다. 공중파 방송에서 한 지성인이 외친 '집에는 하나님이 계셔야 행복하다'라는 외침에 오랫동안 공명이 일던 기억이 난다.

화목은 하나님의 선물이다. 화목의 원천은 하늘의 은총이고, 화목의 현장은 이 땅에서의 삶이다. 화목을 인간적인 성품이나 윤리적인 용어가 아닌 신학적인, 신앙적인 언어로 되새김질해야 하는 이유가 여기에 있다. 땅의 화(火, 禍)는 하늘 아버지가 주시는 화(和)로만 극복될 수 있다.

제단 위의 화목

우리말 성경의 구약에는 화목이라는 글자보다 화목제(쩨바흐 쉘라밈)라는 말이 훨씬 더 많이 나온다. 화목과 화목제는, 글자만 놓고 보면, 서로 아무 상관이 없지만, 글자의 뜻에서는, 서로 밀접한 관계를 지닌다. 화목의 동기는 화목제이고, 화목제의 열매는 화목이다.

구약에서 화목제를 가르치는 말씀은 단연 레위기다(레 3:1-17; 7:11-36). 그러나 화목제를 드리는 이야기가 꼭 레위기에만 나오는 것은 아니다. 가령, 화목제를 드리라는 지시는 언약법전(출 20:22-23:33)이라 일컫는 규정에서 맨 처음 언급되고 있다.

> 너희는 나를 비겨서 은으로나 금으로나 너희를 위하여 신상을 만들지 말고 내게 토단을 쌓고 그 위에 네 양과 소로 네 번제와 화목제를 드리라 내가 내 이름을 기념하게 하는 모든 곳에서 네게 임하여 복을 주리라 출 20:23-24

이스라엘이 만들어야 할 것은 신상이 아니라 제단이다. 언약법전의 경우, '흙으로 만든 제단' 곧 "토단"(미쯔박흐 아다마)이다. 사람을 위하여 만든 신상이 아니라 하나님의 이름을 "기념하게 하는" 또는 '기억하게 하는'(짜카르, 히필형) 제단을 쌓아야 한다. 거기에다 번제(올라)와 화목제(쉘렘)를 드리라는 것이다. 하나님의 백성은 은과 금으로 만든 신들(엘로헤이 케세프 벨로헤이 짜하브)을 하나님 앞에 두어서는 안 되지만, 제단(미쯔베아흐)은 만들어야 한다. 하나님을 기리는 제물을 그 제단 위에다 드려야 하기 때문이다.

출애굽기 20장 24절에서 화목제는 히브리어로 쉘렘이다. 언약법전은 구약의 오경에 들어 있는 여러 법전 가운데 맨 처음 거론되는 규정이다. 말하자면, 오경의 토라를 법전으로 읽게 하는 이정표의 첫 대목이다. 그 규정의 첫 문단에 "토단을 쌓고 그 위에 번제와 화목제를 드리라"라는 지시가 있다는 점은 예사롭지 않다. 번제가 하나님을 향한 헌신의 징표라면, 화목제는 하나님과 하나님의 사람들이 이루는 소통의 마중물이다. 제단 위에 바친 제물의 용도만 놓고 보면 화목제는 '제물로 바치는 짐승의 몸을 일부만 제단 위에서 불사르고 나머지는 제사드리는 사람들이 나누어 먹는' 제사에 해당한다.

구약에서 화목제를 지칭하는 히브리어는 주로 '쩨바흐 쉘라밈'이다. 쩨바흐 쉘라밈에 대한 우리말 번역은 여러 개다. 쩨바흐 쉘라밈은 화목제·화목제물 외에도 친교 제물, 나눔 제물, 완성 제물, 감사제, 상생(相生) 제물이라고도 불린다.[2] 쩨바흐 쉘라밈 중에는 예물로 드리는 것도 있지만, 제사장의 수입으로 삼는 것도 있다(잠 7:14). 샬롬의 뿌리말(샬람 שׁלם)의 강세형

(피엘) 동사가 서원이나 채무를 '갚는다, 지불하다, 보상하다'라는 뜻으로 사용되기 때문이다. 쩨바흐 쉘라밈의 방점을 하나님과의 친교에 둘 경우, 쩨바흐 쉘라밈의 내용은 하나님과의 '신비적 합일'(unio mystica)로 채워진다. 화목제란 용어에 담긴 화목이 '어울림'(harmony) 즉 화(和)가 아니라, '하나 됨'(union) 곧 합일(合一)이라는 얘기다.

화목제를 어떻게 살피든, 화목제라는 용어에는, '화목하기 위해서 드리는 제물'이거나 '화목하기에 드리는 예물'이란 뜻이 담겨 있다. 히브리어 '쩨바흐'가 제물을 잡는 방식을 가리킨다면, '쉘라밈'은 제물을 나누는, 누리는 방식을 가리키기 때문이다. 화목제는 하나님을 위해 쌓은 제단 위에서 구현되는 화목이다. 제단 위의 화목이 맺는 결실이 화목제다. 화목제에서 소중한 현장은 제단이다. 제단은 하나님이 하나님의 백성을 위해서 차리신 식탁이다. 화목제의 인생은 호스트(host)이신 하나님이 게스트(guest)로 초청된 자들을 위해 차리신 식탁(제단)에서 서로 어울리고 소통하며 하나가 되는 것이다.

우리말 성경 구약에서 돋을새김하는 글자는 화목보다는 화목제다. 구약은 사람 사이에 있어야 할 화목보다는 하나님과 사람 사이에 있어야 할 화목제를 강조한다. 그렇지만 이스라엘 신앙의 화목제는 구약의 화목을 새기게 하는 디딤돌이 된다. 하나님의 식탁(제단)에 초청되어 서로 어울리는 자들에

게 하나님이 베푸신 차림표의 항목은 단연 화목이다. 화목제
에서 화목은 하나님을 향한, 하나님의 백성을 위한, 신앙 공동
체의 언어가 된다.

나눔의 정신은

비움과 배려다

나눔은 나누기와는 다르다

나눔은 나누기의 결과다. 그러나 나눔은 나누기와는 다르다. 우리말 '나눔'에는 크게 두 가지 뜻이 있다. 하나는 '나누다'의 명사형으로 '하나를 둘 이상으로 가르는' 행위를 가리키고, 다른 하나는 '함께하는' 마음이나 행동 등을 지칭한다. 이 두 의미는 서로 보충하는 관계다. 전자에 따르면, 하나였던 것을 둘 이상으로 나누는 나눔이란 원래의 크기나 부피 등이 작아지는 모양새를 드러내지만, 후자에 따르면, 나눔은 나눌수록 그 파장의 크기나 부피 등이 커지는 생김새를 연출한다. 전자에서는 나눌수록 그 몫이 작아지지만, 후자에서는 나눌수록 그 꼴이 커지거나 늘어난다.

하나였던 것을 여러 몫으로 나누면, 한편에서는 원래의 크기나 부피 등이 작아지는 현상이 일어나지만, 다른 한편에서는 그 반대급부로 채워지거나 주어짐으로써 기쁨과 보람 등이 있다. 베풂과 기부의 역설이 여기에 존재한다. 주면서도 얻는 기쁨이 있는 것이 기부이고, 나누면서도 누리는 보람이 풍성한 것이 베풂이다.

사람은 혼자서는 살 수 없다. 혼자서는 살아갈 수 없는 세상이 우리 사회다. 사람살이의 현장이 '더불어 살아가는' 시공간이라는 인식은 나눔이 구현되는 토대다. 하나라도 나누어야 하고, 하나라도 나눌 때, 나누기는 뺄셈이 아니라 덧셈이 된다. 구약에 나타난 나눔도 이런 의미에서 살필 수 있다. 구약의 이스라엘은 허공에서 살아가는 존재가 아니다. 약속의 땅을 향해서 살아가거나 약속의 땅에서 살아가는 존재가 이스라엘이다. 이스라엘이 살아가는 현장은 '저곳'이 아니라 '이곳' 즉 이 땅이다.

구약에는 '나누다, 나누어 주다'라는 말이 수없이 거론된다(창 1:4; 10:5; 25:23; 32:7; 출 15:9; 삿 9:43; 왕상 3:25; 대상 23:6; 시 22:18; 잠 16:19; 사 33:23; 단 2:41; 나 3:10; 슥 14:1 등). 그러나 그 '나누다, 나누어 주다'가 '나눔'에는 곧장 다다르지 않는다. '나누다, 나누어 주다'라는 말의 쓰임새가 우선 한 덩어리를 여러 몫으로 나누어 지니게 하는 '나누기'에 머물러 있기 때문이다. 다음 구절이 그 단적인 경우다.

이것은 이스라엘 자손이 가나안 땅에서 받은 기업 곧 제사장 엘르아살과 눈의 아들 여호수아와 이스라엘 자손 지파의 족장들이 분배한 것이니라 여호와께서 모세에게 명령하신 대로 그들의 기업을 제비 뽑아 아홉 지파와 반 지파에게 주었으니
수 14:1-2

두 마디에 주목하자. '(땅을) 분배하였다'(낙할, 피엘형)와 '(땅을 그

들의 기업으로) 제비 뽑아 주었다'(베고랄 낙할라탐). 히브리어 동사 '낙할'은 '기업(基業)으로 지니도록 나누어 주었다'(to distribute as a possession)라는 뜻이다. 기업(基業)을 기업(企業)이나 기업(起業)으로 오해해서는 안 된다. 여호수아서 본문은 '꾀할 기(企)'나 '일어날 기(起)'가 아니라 '터 기(基)'자를 써서 하나님이 이스라엘 각 지파에 나눠 주신 터전이 이스라엘 각 지파가 가나안에서 차지하게 된 땅이라고 말한다. 이스라엘 지파의 각 기업을 여호수아가 그냥 분배하지 않고 하나님 앞에서 "제비 뽑아" 나누어 주었다는 것이다.

여호수아서가 말하는 나눔의 본디 쓰임새는 '나누다'와 '나누기'다. 여호수아서가 전하는 나누기는 한 덩어리의 땅을 가나안에 정착한 이스라엘의 열두 지파가 나누어서 지녔던 삶에 관한 기억을 드러낸다(참조 겔 45:1). 여호수아서 이야기에서 '나누다→나누기→나눔'으로 이어지는 글말의 종착지는 '몫'이다. 몫은 우리가 살펴보려고 하는 나눔과는 그 성격에서 다르다. 몫은 당연히 차지하게 되는 분량을 가리키지만, 나눔은 당연하게 차지한 몫을 기꺼이 비우는 열정(?)이 있어야만 실현될 수 있다.

나누기가 나눔이 되려면

나누기는 객관적이지만 나눔은 주관적이다. 나누기는 산술적이지만 나눔은 미학적이다. 나누기가 나눔이 되려면, 나눔이 단순한 나누기가 아니라 '더불어 하기'나 '함께하기'가 되려면, 나눔의 본디 정신은 비움이나 배려가 되어야 한다. 그런 나눔이 실천된 현장이 출애굽 공동체가 경험한 광야였다.

여호와께서 이같이 명령하시기를 너희 각 사람은 먹을 만큼만 이것을 거둘지니 곧 너희 사람 수효대로 한 사람에 한 오멜씩 거두되 각 사람이 그의 장막에 있는 자들을 위하여 거둘지니라 하셨느니라 이스라엘 자손이 그같이 하였더니 그 거둔 것이 많기도 하고 적기도 하나 오멜로 되어 본즉 많이 거둔 자도 남음이 없고 적게 거둔 자도 부족함이 없이 각 사람은 먹을 만큼만 거두었더라 출 16:16-18

출애굽의 하나님은 출애굽한 이스라엘이 걸어야 할 길을 '가까운 길'이 아닌 '홍해의 광야 길로 돌려' 인도하셨다(출 13:17). 애굽 땅을 벗어나 홍해를 건넌 이스라엘이 그 첫발을 내디딘 곳이 '사흘 길을 걸었으나 물을 얻지 못한' 광야였다(출 15:22). 광야는 사람이 살기엔 살벌한 곳이다. 살아가기가 그악한 곳이다. 살아내기가 험한 곳이다. 출애굽 공동체 이스라엘은 그 살벌한 곳, 그악한 곳, 험악한 곳에서 구원받은 신앙 공동체로 살아가야 했다. 하나님의 말씀을 인생의 규례와 법칙으로 삼는 삶을 살아 내야 했다. 심고 가꾸고 거두는 일상이 멈추어 버린 광야에서 하나님의 백성이라는 얼과 혼을 추슬러야 했다. 그 언표가 하늘에서 내린 만나였다.

만나는 하늘에서 비처럼 내린 양식이다(출 16:4). 만나는 하나님이 출애굽 백성을 위해서 광야에 차리신 식탁의 먹거리다. 홍해를 건너 엘림과 시내산 사이 신 광야에서 이스라엘은 그 양식을 먹으면서 하나님의 백성으로 살아가는 훈련을 받아야 했다. 두 구절에 주목하자. "너희 각 사람은 먹을 만큼만(이쉬 레피 오클로) 이것을 거두라"(출 16:16)라는 지시와 "(이스라엘 자손이 그같이 하였더니) 많이 거둔 자도 남음이 없고 적게 거둔 자도 부족함이 없었다"(출 16:18)라는 보도다. "먹을 만큼만"이란 그 '입'(페)에 '따른'(레) '먹거리'(오켈)다. 출애굽 공동체는 경제적으로 평등한 사회를 구현해 내야 했다.

출애굽기 16장이 증언하는 만나에는 두 가지 뜻이 있다. 사람은 누구나 먹어야 산다는 것(All for Food)과 먹거리는 누구에게나 공평해야 한다는 것(Food for All)이다. 출애굽의 해방과 구원을 경험한 자라도 먹거리로 그 배를 채우지 않으면 출애굽의 감격을 이어 갈 수 없다. 출애굽의 해방과 구원을 이 땅에서 실현하려면 모두가 골고루 그 배를 채우지 않으면 안 된다. 그런 점에서 광야의 식탁에 하나님이 차리신 만나는 출애굽 공동체에게는 하나님의 백성이 될 수 있는가, 아닌가를 판가름하는 리트머스 시험지와도 같다.

정치적으로 평등하고 경제적으로 공평한 사회는 저절로 이루어지지 않는다. 공평한 사회를 이룩하기 위해서는 노력해야 한다. 하나님의 구원은 값없이 주어진 은총이지만, 그 구원의 은혜를 지속해서 누리기 위해서는 먹을 만큼만 먹고, 가질 만큼만 지니고, 누릴 만큼만 누리는 삶을 살아야 한다. 나의 살아가기는 너의 살아가기나 우리의 살아가기에 달려 있다. 출애굽기 16장이 증언하는 "신 광야"의 이스라엘에게는 그런 행함이 있었다. 믿음을 행함(行)으로 담아내고, 행함을 믿음(信)으로 드러낸 현장이 만나라는 먹거리를 거두던 출애굽기의 시공간이었다. 그 시공간에서 체험한 감격이 "오멜로 되어 본즉 많이 거둔 자도 남음이 없고 적게 거둔 자도 부족함이 없었다"는 보도로 드러난다. 이 감격(viva Israel!)에서 나누기가 나눔이 되는 길이 열린다.

출애굽 공동체가 광야에서 실험하고 실천했던 나눔은 이스라엘이 가나안에 정착한 지 얼마 되지 않아 역사의 현장에서 사라져 버렸다. 다윗왕의 아들 솔로몬 시대에 이스라엘 왕국은 풍요로움과 화평을 온 세상에 과시했지만, 그 풍요와 화평의 이면에는 광야에서 차리던 식탁의 나눔과는 정반대되는 독점·독과점의 경제가 도사리고 있었다.

솔로몬 왕실의 하루 먹거리가 얼마나 엄청났는지를 헤아려 보라(왕상 4:22-23). 그 먹거리를 날마다 조달하고자 솔로몬 체제 당시 이스라엘 사회는 백성 각자에게 할당된 하루 몫을 채우지 않으면 안 되었다. 평등했던 경제 질서가 억압의 경제로 돌변하고야 말았다(왕상 4:26-28).

'모두를 위한 먹거리'(Food for All)를 지향하던 삶에서 '한 사람을 위한 먹거리'(Food for One)를 마련해야 하는 삶으로 사회 체제가 변모하고 말았다. 많이 거둔 자도 남음이 없고 적게 거둔 자도 모자람이 없던 출애굽 공동체의 평등 경제는 왕실의 배를 불리고자 온 사회가 매달려야 하는 억압의 경제(?)로 바뀌어 버렸다. 나눔의 청사진과는 정반대되는 독과점의 사회현상이 연출되고 말았다. 여기서 나눔은 하나님의 백성에게 출애굽 공동체의 이상을 실현하는 은총의 수단으로 제시된다.

나눔과는 다른, 그러나 나눔의 마중물, 베풂

구약의 나눔이 무엇인지를 새기려면 나눔과 베풂의 차이를 간파해야 한다. 베풂은 나눔과 비슷하지만, 나눔과는 다르다. 나눔은 그 출발이, 산수 용어로 말하면 나누기이지만, 베풂은 그 연산방식이 빼기다. 영어로 표기할 때도 나누기는 'divided by'이지만, 빼기는 'minus'다.

나누기는 쉽지 않지만, 빼기는 단순하다. '0'으로는 나눌 수 없어도 '0'으로 빼기는 가능하다. 베풂의 정서는 빼기다. 내 것을 누군가에게 거저 준다는 생각이 앞설 때 쓰이는 말이 베풂이다. 나눔의 바탕에 베풂이 있기는 하지만, 베풂이 곧 나눔으로 이어지지는 않는다. 그런데도 구약의 말씀은 베풂의 정서를 하나님의 백성으로 살아가는 자의 기본 에토스(ethos)로 삼았다. 다음 구절을 보자.

너희가 너희의 땅에서 곡식을 거둘 때에 너는 밭모퉁이까지 다 거두지 말고 네 떨어진 이삭도 줍지 말며 네 포도원의 열매를 다 따지 말며 네 포도원에 떨어진 열매도 줍지 말고 가난한 사람과 거류민을 위하여 버려두라 나는 너희의 하나님 여호와이니라 레 19:9-10

구약에서 과부, 고아, 나그네는 약자다. 레위기 19장 9-10절의 경우 "가난한 사람"(아니)과 "거류민"(게르)이 그런 약자에 속한다. 히브리어 '아니'는 '가난한 자, 비천한 자, 낮은 자' 등을 가리키고, 히브리어 '게르'는 '외국인, 나그네, 자기 땅이 아닌 남의 땅에 일시 거주하고 있는 자' 등을 가리킨다. 레위기는 이런 자들을 돌봐 주어야 할 책임이 '지닌 자'와 '가진 자'에게 있다고 말한다. 그래서 곡식을 거두는 계절이 되면, "너희" 이스라엘은 밭에서 곡식을 '다 거두지 말고, 다 줍지 말고, 다 따지 말고' 이스라엘 땅에 거주하는 가난한 사람과 나그네를 위하여 그냥 "버려두라"(타아쯔브)고 지시한다.

히브리어 '아짜브'(버려두다)는 그 쓰임새의 폭이 넓다. "남자가 부모를 떠나(야아쯔브) 그의 아내와 합하여 둘이 한 몸을 이룰지로다"(창 2:24)라고 설명할 때나 "내 하나님이여 내 하나님이여 어찌 나를 버리셨나이까(아짜브타니)"(시 22:1)라고 탄식할 때도 같은 말(아짜브)이 쓰였다. 여기에 베풂의 속내가 있다. 베풂은 히브리어의 뜻으로 하면, '버리기, 포기하기, 떠나보내기'다. 땅을 소유한 자는 땅 없어 떠돌아다니는 사람들에게 먹거리 등을 그냥 주라는 소리다. 주되, 주었다는 사실 자체를 잊어버리라는 것이다. 주되, 소유권을 양도하라는 것이다. 베풂은 나눔으로 가는 길을 열어젖히는 출입문이다. 그 같은 베풂이 실천되고 있는 자리가 예컨대 룻기의 현장이다.

룻기의 시작은 죽은 사람을 애도하지만(룻 1:1-3a, 5), 그 끝은 태어난 생명을 축하한다(룻 4:13-22). 그 틀 안에서 룻기는, 들머리(룻 1:3b-4)나 마무리에서(룻 4:1-12), 남자가 그 부모를 떠나(아짜브) 여자와 한 몸을 이루는 이야기를 글말의 소재로 삼는다. 룻기는 베풂으로 이루어지는 삶의 매듭을 보여 주고 있다. 부자 보아스가 가난한 사람 룻에게 베풀어 준 추수철의 이삭줍기가 룻과 보아스의 인생에 새로운 지평선을 열어젖혔다.

> 룻이 이삭을 주우러 일어날 때에 보아스가 자기 소년들에게 명령하여 이르되 그에게 곡식 단 사이에서 줍게 하고 책망하지 말며 또 그를 위하여 곡식 다발에서 조금씩 뽑아 버려서 그에게 줍게 하고 꾸짖지 말라 하니라 룻이 밭에서 저녁까지 줍고 그 주운 것을 떠니 보리가 한 에바쯤 되는지라 룻 2:15-17

룻의 이삭줍기는 보아스의 배려로 풍성한 곡식을 얻는 일상으로 치닫는다. 보아스의 베풂으로 룻의 처지가 회복된다. 베풂은 배려의 열매다. 베풂은 나눔과는 같지 않다. 베풂이나 나눔이 다 '~에게 ~을 주다'라는 점에서는 그 내용이 비슷하지만, 그 성격은 엄연히 다르다. 나눔은 수평적(l)이지만, 베풂은 수직적(?)이다. 나눔은 주고받는 사람끼리 서로 연대를 이루지만, 베풂은, 말하자면, 윗사람이 아랫사람에게, 가진 자가 없는 자에게 시행하는 너그러움의 실천이다. 베풂이 나눔의 마중물이기는 하지만, 베풂의 정신이 곧 나눔의 영성에는 미치지 못한다고 판단하는 까닭이 여기에 있다.

나눔의 산수, 1÷1=∞

나눔은 베풂으로 시작한다. 그러나 나눔은 베풂 이상이다. 나눔의 바탕은 빼기다. 그러나 빼기로 그치지 않는다. 빼기로 는 다 헤아릴 수 없는 나누기의 기적이 나눔에는 들어 있다. 나눔은 기부나 적선 이상이다. 나눌수록 커지는 세계가 있다. 나눌수록 많아지는 차원이 있다. 나눌수록 풍성해지는 누리 가 있다. 나눌수록 많아지거나 커지거나 풍성해지는 나눔의 세계를 전하는 구약의 글말로는 단연 다음 이야기다.

그가 이르되 당신의 하나님 여호와께서 살아 계심을 두고 맹 세하노니 나는 떡이 없고 다만 통에 가루 한 움큼과 병에 기 름 조금뿐이라 내가 나뭇가지 둘을 주워다가 나와 내 아들을 위하여 음식을 만들어 먹고 그 후에는 죽으리라 엘리야가 그 에게 이르되 두려워하지 말고 가서 네 말대로 하려니와 먼저 그것으로 나를 위하여 작은 떡 한 개를 만들어 내게로 가져오 고 그 후에 너와 네 아들을 위하여 만들라… 그가 가서 엘리 야의 말대로 하였더니 그와 엘리야와 그의 식구가 여러 날 먹 었으나 여호와께서 엘리야를 통하여 하신 말씀같이 통의 가 루가 떨어지지 아니하고 병의 기름이 없어지지 아니하니라
왕상 17:12-13, 15-16

이 이야기는 우리 귀에 아주 친숙하다. 이스라엘의 아합왕 시절 하나님의 사람 엘리야와 사르밧의 과부가 만나서 하나님의 역사(役事)를 체험한 이야기는 널리 알려져 있다. 구약의 '엘리야 행전'(왕상 17-19장)의 구도에 따르면, 이 이야기는 엘리야의 소양 교육에 해당한다. 엘리야 행전이 부르심과 소양 교육(왕상 17장)→공직 수행(왕상 18장)→은퇴(왕상 19장)라는 구도를 띠기에, 사르밧 과부와 엘리야의 만남을 전하는 이야기(왕상 17:8-24)는 여호와 하나님이 어떤 분이신지를 알려 주는 소양 교육의 교재와도 같다. 엘리야에게, 사르밧 과부에게, 엘리야 행전의 독자에게, 세상을 다스리시는 주님이 누구인지를 일깨워 준다.

이야기의 무대는 바알 종교의 본거지 '시돈에 속한 사르밧'이다. 무대를 좀 더 좁히면 시돈에 속한 사르밧에 거주하던 '한 과부'의 집이다. 여호와 신앙의 파수꾼이던 엘리야의 시각에서는 바알 종교의 온상이던 시돈 땅의 사르밧을 자신의 은신처로 삼아야 한다는 것이 일종의 역설이었다. 엘리야는 그 물음표를 자기 심중에 숨긴 채 하나님이 시키신 대로 해야 했다. 그런데 물음표의 끝은 그게 다가 아니었다. 엘리야가 머물러야 하는 현장은 사르밧에서도 부요한 어떤 사람의 집이 아니라 가장 궁핍한 한 과부의 집이었다.

이야기의 배경은 시냇물도 말라 버릴 정도로 가뭄이 극심한 때다. 비가 내리지 않아서, 마실 물이 없어서, 모두가 극심한 곤경에 빠져 있을 때 엘리야가 "통에 가루 한 움큼과 병에 기름 조금"밖에 없던 과부를 찾아가서는 다짜고짜 이렇게 외침으로 이야기가 시작된다. '마실 물을 달라, 먹을 떡도 만들어 달라.' 낯선 남자 나그네가 불쑥 찾아와서 다그치는 이 소리에 여자가 항변하면서 이야기의 분위기가 달궈진다.

엘리야의 요청은 조금 생소하다. 나눠 줄 것이 아무것도 없는 사람을 돌연 찾아가서 이것, 저것 가져다 달라고 요청하고 있기 때문이다. 그 생소한(?) 엘리야의 요청에 대꾸하는 사르밧의 과부는 아주 상식적이다. '이제 조금 남은 마지막 식량으로 나와 내 아들을 위한 생애 마지막 음식을 만들어서 먹고 그다음은 죽으리라.' 그렇다. 사르밧 과부의 항변은 지극히 상식적이자 산술적이다. 하나에서 하나를 빼면 남는 것이 없다는 상식을 토로하기 때문이다. '1-1=0'이 되는 여건에서 낯선 사람을 배려하거나, 낯선 사람에게 베풀거나, 낯선 사람과 나눌 만한 삶의 자원이 자기에게는 없다는 것이다.

엘리야와 사르밧 과부가 서로 연출하는 이야기의 의도가 여기에 있다. 열왕기상 17장은 '없음'의 상황을 뼈저리게 절감하고 있는 자들을 향해 던지는 '있음'의 도전이다. 없던 것이 무엇인가? 사르밧 여자의 말에 따르면, 엘리야에게 나누어 줄 식량이 없었다! 무엇이 있었는가? 상식·산술을 뛰어넘는 처방에 순종하는 여자의 동작이 있었다. "여호와께서 엘리야를 통하여 하신 말씀"대로 한 여자의 동작이 있었다!

엘리야와 사르밧 과부의 이야기는 한 끼 식사밖에 남아 있지 않은 한계 상황에 빠진 사람을 향해서 엘리야가 "먼저 그것으로 나를 위하여 작은 떡 한 개를 만들어 내게로 가져오고 그 후에 너와 네 아들을 위하여 만들라"고 소리치는 장면에 숨겨진 속내가 있다. 그래서 이야기의 방점은 사르밧의 과부가 가서 엘리야의 말대로, 엘리야를 통하여 하나님이 하신 말씀대로, 하였다는 데 찍힌다. '1-1=0'이 아니라 '1÷1=∞'가 될 수 있는 길이 열린 것이다. 사람의 판단으로는 전혀 가능하지 않은 시공간에서 하나님의 말씀을 생존의 이정표로 삼으라는 가르침이다.

사르밧의 여자에게만 이 이정표가 작용한 것은 아니다. 엘리야에게도 이 이정표는 똑같이 적용된다. 여자가 엘리야를 통해 전달된 하나님의 말씀대로 순종하였더니 하나님이 그 땅에 비를 다시 내리시는 날까지 여자에게는 "통의 가루가 떨어지지 아니하고 그 병의 기름이 없어지지 아니한" 놀라운 일이 벌어졌다. 나눔의 기적이 여기에 있다. 하나님의 말씀 안에서 이루어지는 나눔에는 상식을 뛰어넘고 산술을 넘어서는 신비가 따른다. 나눔의 신앙을 실천해야 하는 까닭이 여기에 있다.

죄, 나눔의 실천을 외면하는 삶

이스라엘의 왕국 시대는 하나님이 차리셨던 광야의 식탁(만나) 이야기를 살아가기의 잣대로 삼아야 했다. 엘리야와 사르밧 과부 이야기의 교훈을 살아내기의 본(本)으로 삼아야 했다. 그러나 그렇게 하지 못했다. 아니, 그렇게 하지 않았다. 예컨대 주전 8세기 유다 사회의 모습을 꾸짖는 이사야의 외침에는 그런 안타까움이 진하게 담겨 있다.

> 가옥에 가옥을 이으며 전토에 전토를 더하여 빈 틈이 없도록 하고 이 땅 가운데에서 홀로 거주하려 하는 자들은 화 있을진저… 아침에 일찍이 일어나 독주를 마시며 밤이 깊도록 포도주에 취하는 자들은 화 있을진저 사 5:8, 11

이사야가 누구에게 '화가 있으라'고 저주를 퍼붓는가? 나누지 않는 자들이다. 나눔을 외면하는 자들이다. 주전 8세기 유다 사회에서만 이런 문제가 있었던 것은 아니다. 주전 8세기 이스라엘 사회에도 그와 똑같은 문제가 있었다.

> 이스라엘의 서너 가지 죄로 말미암아 내가 그 벌을 돌이키지 아니하리니 이는 그들이 은을 받고 의인을 팔며 신 한 켤레를

받고 가난한 자를 팔며… 모든 제단 옆에서 전당 잡은 옷 위에
누우며 그들의 신전에서 벌금으로 얻은 포도주를 마심이니라
암 2:6, 8

무슨 꾸짖음이 들리는가? 땅을 혼자서 다 독차지하려고
했다는 것이다. 일상의 노동에 허덕이는 인생을 외면했다는
것이다. 힘으로 누르고, 가진 것으로 윽박지르고, 있는 것으로
없는 자의 처지를 악용했다는 것이다. 단순히 나누지 않았다
는 것이 문제가 되지 않았다. 나눔의 기적을 철저히 외면했다
는 데 문제가 따른다. 나눔의 신비를 거부했다는 데 문제가 있
고, 나눔의 신앙을 거절했다는 데 문제가 있다.
　나눔의 뜻은 중층(重層)적이다. 나눔에 맞선 말은, 예컨대,
독재, 독점, 독단, 독주 등이다. 정치적으로 나눔은 독재에 맞
선다. 권력을 혼자 차지하지 않고 여러 사람과 고루 나누기 때
문이다. 경제적으로 나눔은 독점·독과점에 맞선다. 재물이나
이득 등을 홀로 차지하지 않고 시장 사람들과 벼르기 때문이
다. 문화적으로 나눔은 독단에 맞선다. 획일보다는 어울림을
그 가치 기준으로 삼기 때문이다. 사회적으로 나눔은 독주에
맞선다. 떨어져 나가거나 벗어나거나 빗나간 행동 등을 바르
게 잡아 고루 펴주는 질서 의식이 거기에 담겨 있기 때문이다.
이사야나 아모스의 육성에는 나눔을 하나님 신앙의 이름으로

구현하고자 했던 예언자적 파토스(pathos)가 담겨 있다. 이사야
나 아모스의 지적에는 죄악에 대한 새로운 정의가 담겨 있다.
하나님의 계명을 어겨서만 죄가 아니라, 나눔을 삶의 현장에
서 실천하지 않은 것이 곧 죄가 된다. 하나님을 외면해서만 죄
가 아니라 나눔의 영성을 체험하지 않은 생활신앙이 바로 죄
가 된다.

하나님과 바르고

곧고 의롭게 회복된 관계

행복의 속내, '에셰르' '아샤르' '아쉬레이'

구약에서 행복(happiness)을 가리키는 말은 시편이나 지혜
의 글에 주로 나오는 히브리어 명사 '에셰르'(אשׁר)다. 이 글자
는 '행복'이란 명사형으로 쓰이지 않고, '행복한'이란 구문으
로 표기된다. 이 말의 뿌리는 히브리어 동사 '아샤르'인데, 그
뜻이 문자적으로는 '들어가다'(잠 4:14), '곧게 걷다'(우리말 성경에서
는 '행하다,' 잠 9:6)에 해당한다. 삶의 가능성은 항상 앞으로 나아가
는 자세에서 열린다는 암시가 이 글자에 담겨 있다. 이 동사가
어법상 강세형(피엘, 푸알)으로 쓰일 때 그 쓰임새는 '곧게 하다'
'기쁘게 하다' '복되게 하다' 등이 되면서 우리 논의의 주제인
행복의 언저리에 그 뜻이 닿는다. 예컨대 야곱의 아내 레아의
시녀인 실바가 야곱에게 아들을 낳아 주었을 때 외친 소리에
주목해 보자.

> 기쁘도다 모든 딸들이 나를 기쁜 자라 하리로다 하고 그의 이
> 름을 아셀이라 하였더라 "How happy I am! The women will call me
> happy." So she named him Asher[Happy One], 창 30:13

세 대목이 우리 눈길을 끈다. 하나는 명사형(오셰르)에서 비
롯된 '기쁘도다'라는 낱말, 다른 하나는 "나를 기쁜 자라 하리

로다"에서 동사형(피엘)으로 쓰인 낱말, 마지막 하나는 레아가 붙인 '아셀'이라는 이름. 특히 '아셀'의 어원이 '아샤르'에서 파생된 이름씨(행복한 사람)라는 사실이 눈길을 끈다.

구약에서 히브리어 글자 '에셰르'는, 문법적으로는, 남성 복수 명사의 연계형(constructive)인 '아쉬레이'(אשרי)로 표기된다. '아쉬레이'로 운을 떼는 구문은 감탄사(how happy!) 문장이 된다. 그 단적인 경우가 모세가 이스라엘을 향해 쏟아낸 말이다.

> 이스라엘이여 너는 행복한 사람이로다 아쉬레이카 이스라엘, Happy
> are you, O Israel, 신 33:29

우리말에서는 "이스라엘이여"가 먼저 나오지만, 히브리어 구문에서는 그렇지 않다. 특히 히브리어 '아쉬레이'를 '행복하여라'로 옮기고 있음에 주목하라. 솔로몬을 찾아온 스바의 여왕이 솔로몬의 지혜에 대해 들은 소문이 사실인 것을 알아챘을 때 그의 입에서 나온 말도 히브리어 감탄사 '아쉬레이'다. 우리말 성경은 "복되도다 당신의 사람들이여 복되도다 당신의 이 신하들이여 항상 당신 앞에 서서 당신의 지혜를 들음이로다"(왕상 10:8, 참조 대하 9:7)라고 옮겼지만, 이 문장에서 감탄사 용법으로 쓰인 히브리어 '아쉬레이'라는 들머리는 '복되도다'보다는 '행복하도다'로 풀어야 그 어감이 제대로 살아난다. 말하자면, '오! 당신의 사람들이 얼마나 행복한가, 당신의 신하들은 참으로 행복한 자들이로다, 항상 당신 앞에 서서 당신의 지혜를 듣는 자들이기에'라는 것이다.

개역개정은 시편의 히브리어 '에셰르'의 연계형 '아쉬레이'를 '행복하여라'(be happy)보다는 주로 '복되도다'(blessed indeed)라는 술어로 옮긴다. 행복(happiness)과 축복(blessing)은 다르다. 행복은 '찾는 것'이지만, 축복은 '주어지는 것'이다. 히브리어 구문 '아쉬레이'를 '복되도다'로 옮기고 있는 우리말 성경의 표현에는 히브리어 '에셰르'(행복)의 지평을 행운(幸運), 즉 '우연히 얻은 기쁨'으로 단정하지 못하게 하려는 의도가 있다. 사람이 그 삶의 질서를 하나님의 뜻에 맞추고자 노력할 때 주어지는 은총이 '아쉬레이'의 속내라고 보았다는 소리다.

우리말 성경이 구약의 히브리어 '아쉬레이'를 'be blessed'로 옮긴 용례는 크게 세 갈래다. 하나는 드물지만, 히브리어 '아쉬레이'를 문장의 주어로 옮긴 경우다. "복 있는 사람은 악인들의 꾀를 따르지 아니하며 죄인들의 길에 서지 아니하며 오만한 자들의 자리에 앉지 아니하고"(Blessed is the man who⋯, 시 1:1)가 그 대표적인 경우다.

다른 하나는 히브리어 구문 '아쉬레이'를 번역상 동사 구문의 목적격으로 옮긴 경우다. "여호와께서 그를 지키사 살게 하시리니 그가 이 세상에서 복을 받을 것이라"(예웃샤르, 푸알형 'He will be blessed', 시 41:2)가 이런 사례에 든다. 나머지 하나는 '~하는 자는 복이 있다'라는 식으로 표현되는 문장으로, 구약에 나오는 용례 대부분이 여기에 속한다. 이 경우, '아쉐레이'에 이어지는 인칭에 따라서 구문의 의미가 달라진다.

다음 구절들을 읽어 보라. "행위가 온전하여 여호와의 율법을 따라 행하는 자들은 복이 있음이여"(시 119:1). "온전하게 행하는 자가 의인이라 그의 후손에게 복이 있느니라"(잠 20:7). "허물의 사함을 받고 자신의 죄가 가려진 자는 복이 있도다 마음에 간사함이 없고 여호와께 정죄를 당하지 아니하는 자는 복이 있도다"(시 32:1-2). "주께 힘을 얻고 그 마음에 시온의 대로가 있는 자는 복이 있나이다"(시 84:5, 참조 6, 12절). "지혜를 얻은 자와 명철을 얻은 자는 복이 있나니"(잠 3:13). "누구든지 내게 들으며 날마다 내 문 곁에서 기다리며 문설주 옆에서 기다리는 자는 복이 있나니"(잠 8:34). "너희는 여호와의 선하심을 맛보아 알지어다 그에게 피하는 자는 복이 있도다"(시 34:8).

다 같은 '아쉐레이' 구문이지만 '누구에게 복이 있다'라고 일컬어지는지에 따라서 글말의 맛과 멋이 달라진다. 같은 형태의 구문이 욥에게 던진 엘리바스의 충고에도 나오는데 이때 '복'(에쉐르)의 차원을 새롭게 한다. "볼지어다 하나님께 징계 받는 자에게는 복이 있나니 그런즉 너는 전능자의 징계를 업신여기지 말지니라"(욥 5:17) 하지 않았는가.

행복의 사다리, '갓·가드' '아셀' '에세르'

우리말에서 행복과 행운은 동의어로 쓰인다. 우리말 사전을 보면 행복과 행운 사이에 그리 큰 차이가 없다. 행복을 가리켜 '복된 좋은 운수'라고 하고, 행운을 가리켜서도 '좋은 운수 또는 행복한 운수'라고 설명한다. 두 낱말에 다 '다행 행(幸)자'가 들어 있기는 하지만, 복(福)과 운(運)은 다르다. '복'에는 사람이 실천해야 할 노력이나 인내 등이 전제되어 있지만, 운수(運數)의 준말이기도 한 '운(運)'에는 그런 전제가 없다. 그냥 아무런 대가 없이, '돌 운(運)' 자의 뜻 그대로, 저절로 '굴러들어 온' 그 무엇을 가리킨다. 그런 점에서 종교심리학의 용어이기도 한 행복은 요행을 기대하는 행운과는 다르다.

차이가 있기는 우리말 다행(多幸)도 마찬가지다. 다행 즉 '많은(多) 행복(幸)'이란 글자는 그 쓰임새에서 불행해질 수도 있는 어떠한 처지나 상황을 전제한다. 예컨대 '길을 가다가 예기치 않게 넘어지는 사고를 당했지만, 다행히 크게 다치지는 않았다'라고 말하지 않는가. '다행'이란 말이 예기치 않은 불행에서 벗어났다는 뜻을 지닌다면, '행복'은 기대한 기쁨을 누리게 되었다는 뜻이 담겨 있다.

구약에도 행복의 언저리에 해당하는 행운이나 다행에 관한 이야기가 나온다. 엄밀히 말할 때 행운(幸運)을 기대하는 삶은 히브리적 사고와는 아무 상관이 없다. 언제, 어디서, 어떻게 주어질지 예측할 수 없는 행운이란 구약의 세계관과는 거리가 멀다. 삶의 질서를 하나님의 섭리로, 삶의 길흉화복을 창조 세계의 리듬(인과응보)에서 파악하기 때문이다. 영어의 luck이나 독일어의 Glück에 해당하는 낱말이 구약에 고스란히 나오지 않는다는 지적도 이런 이유 때문이다.[3] 여기서 우리는 레아의 시녀 실바가 야곱에게 순차적으로 낳아 준 두 아들의 이야기를 새삼 들춰 보려고 한다.

> 레아가 자기의 출산이 멈춤을 보고 그의 시녀 실바를 데려다가 야곱에게 주어 아내로 삼게 하였더니 레아의 시녀 실바가 야곱에게서 아들을 낳으매 레아가 이르되 복되도다 하고 그의 이름을 갓이라 하였으며 레아의 시녀 실바가 둘째 아들을 야곱에게 낳으매 레아가 이르되 기쁘도다 모든 딸들이 나를 기쁜 자라 하리로다 하고 그의 이름을 아셀이라 하였더라
>
> 창 30:9-13

두 마디에 주목하자. "(레아가 이르되) 복되도다 하고 그의 이름을 갓이라 하였다"와 "(레아가 이르되) 기쁘도다 모든 딸들이 나를 기쁜 자라 하리로다 하고 그 이름을 아셀이라 하였다". 우리말에서 "복되도다"로 번역된 히브리어 구문 '바가드'(또는 '베

가드')는 '얼마나 운이 좋은가'(How fortunate!)에 어울리는 말이다. 거기에 이름씨로 주어지는 '갓'(히브리어로는 '가드')은 행운(good fortune)이란 뜻이다. 우리말 성경(창 30:11)의 난하주는 '갓'의 뜻을 '복됨'이라고 풀어 놓았지만, 이 글자가 거론되고 있는 문맥에 맞추어 이 글자의 뜻을 새겨 보면, 레아의 시녀 실바가 레아를 위하여 야곱에게 아들을 낳아 준 일은 그야말로 행운(가드)에 어울린다. 레아와 심한 경쟁 관계에 있던 라헬이 그의 시녀 빌하를 통해서 야곱에게 아들을 낳아 주었기 때문이다 (창 30:6-8).

라헬의 시녀 빌하가 레아의 시녀 실바에 앞서 낳은 아들들의 이름을 라헬이 '단'(억울함을 푸심)과 '납달리'(경쟁함)로 붙인 것은 결코 우연이 아니다. 레아는 자기 처지가 궁지에 몰렸을 때, 엎친 데 덮친 격으로, "자기의 출산이 멈춤을 보았다"(창 30:9). 레아는 자기 처지가 궁해졌을 때 자기 시녀 실바가 자기를 위하여 아들을 낳아 주는 쾌거(?)를 보면서 히브리어로 짤막하게 '바가드'(베가드, '이 얼마나 다행인가')라고 외쳤다. 그러나 레아의 시녀 실바가 낳은 두 번째 아들의 경우는 사정이 다르다. '갓'의 탄생이 행운에 가까웠다면, 두 번째로 낳은 아들 '아셀'은 행복에 가깝다. '아셀'이란 이름의 뜻이 '기쁨'인 것도 그런 추측을 가능하게 한다.

이를 통해 볼 때, 구약에서 행복은 말하자면 마음의 사다리라고 말할 수 있다. 왜 구약에는 행복과 연관된 용어로 '가드' '아셀' '에셰르' 등이 소개될까? 이것은 마치 행복을 가리키는 말이 영어로는 luck, pleasure, happiness 등으로 여러 개인 것과 같은 이치가 아닐까? 그렇다. 구약의 행복에는 여러 종류가 있다. 우연히 찾아온 행복(갓·가드), 모두를 기쁘게 하는 행복(아셀), 삶의 이치를 하나님의 뜻에 조율함으로써 누리는 행복(에셰르). 창세기 30장에서 들리는 레아의 입에서 울려 퍼진 '다행'(갓·가드)이 '행운'(아셀·기쁨)의 창(窓)이라면, 그 행운은 '행복'(에셰르)을 기대하게, 기다리게, 기도하게 하는 마중물이 된다.

행복은 혼자 오지 않는다

창세기 30장에서 레아의 시녀 실바가 낳은 아들의 이름 '아셀'(기쁨)은, '행복하여라'라고 일컫는 길을 걸으려는 자들에게는, 구약의 행복이 무엇인지를 깨닫게 하는 일종의 마중물이다. 행복이 있기 전에 기쁨(아셀)이 먼저 있었다고 볼 수 있기 때문이다. 여기서 기쁨과 행복의 차이에 주목해 보자.《마음 사전》의 저자 김소연에 따르면 행복과 기쁨은 서로 다르다.

> 행복은 스며들지만, 기쁨은 달려든다. 행복은 자잘한 알갱이들로 차곡차곡 채워진 상태이지만, 기쁨은 커다란 알갱이들로 후두둑 채워진 상태다. 기쁨은 전염성이 강하지만, 행복은 전염되기 힘들다. 남의 기쁨에는 쉽게 동조되지만, 남의 행복에는 그렇지가 않다. 약간의 질투와 약간의 모호성, 그것이 장애가 되기 때문이다. 남에게서 전염된 기쁨은 그러나 오래가지도 않고 자기 것이 되지도 않는다. 금세 잊는다. 그렇지만, 남에게서 전염된 행복은 오래가기도 하거니와 자기 것이 된다. 그만큼 느리고 꼼꼼하게 진행되는 것이기 때문이다. 내가 스스로 얻은 기쁨과 행복도 마찬가지다. 언제나 그렇지만, 빠르고 간단한 것들은 느리고 꼼꼼한 것만 못하다.[4]

어떤가? 행복과 기쁨의 차이가 떠오르는가? 《마음사전》의 풀이에 따르면, 행복은 점진적이거나 점차적인 마음의 상태이지만, 기쁨은 순간적으로, 빠르게, 주어지는 감정이다. 기쁜 순간은 오래가지 않지만, 행복은 오래 지속된다. 공감이 가는 설명이다. 그러나 과연 "남의 기쁨에는 쉽게 동조하지만, 남의 행복에는 그렇지 않다"라고 단정할 수 있을까? 과연 기쁨과 행복을 서로 별개라고 구분할 수 있을까? 오늘날처럼 개인의 취향과 성향을 존중하는 사회에서는 그렇게도 말할 수 있다. 그러나 '나'보다는 '우리'를, '개인'보다는 '공동체'를 생존의 통로로 삼았던 옛 이스라엘의 풍토에서는 그렇게 말할 수 없다. 신명기 말씀에 주목해야 하는 까닭이 여기에 있다.

우리말 성경에서 '행복'이라는 글자를 본문에 수록해 놓은 구절은 두 군데다. 신명기 10장 13절과 33장 29절이다. 우선, 신명기 10장 13절을 읽어 보자. "내가 오늘 네 행복을 위하여 네게 명하는 여호와의 명령과 규례를 지킬 것이 아니냐"에서 "네 행복을 위하여"(레토브 락크, for your own good)는 히브리어 '토브'를 우리말 행복으로 풀이한 경우다.

우리 귀에 친숙한 히브리어 형용사 '토브'도 구약의 행복을 새김질하는 데 도움이 되는 낱말이 된다는 소리다. "네 하나님 여호와를 경외하여 그의 모든 도를 행하고 그를 사랑하며 마음을 다하고 뜻을 다하여 네 하나님 여호와를 섬기고"(신

10:12) "네게 명하는 여호와의 명령과 규례를 지키는 것"(신 10:13b)은 다 '이스라엘의 행복을 위한'(신 10:13a) 것이라는 얘기다. 여기서 '이스라엘'은 단수가 아니라 복수다. 여기서 '이스라엘'은 하나님의 백성을 가리킨다. 혼자서, 홀로, 누리는 행복이 아니라, 모두가 더불어서 누리는 행복이다. 이 깨달음을 단적으로 선포한 말씀이 이것이다.

> 이스라엘이여 너는 행복한 사람이로다 여호와의 구원을 너같이 얻은 백성이 누구냐 그는 너를 돕는 방패시요 네 영광의 칼이시로다 네 대적이 네게 복종하리니 네가 그들의 높은 곳을 밟으리로다 신 33:29

신명기 33장에서는 "이스라엘이여 너는 행복한 사람이로다"(아쉬레이카 이스라엘, Happy are you, O Israel)라는 소리가 있기 전에 "여수룬이여 하나님 같은 이가 없도다"(신 33:26a)라는 소리가 울려 퍼졌다. '여수룬'은 이스라엘을 가리키는 시적인 호칭으로 '바른 자·곧은 자'라는 뜻이다. "이스라엘이여 너는 행복한 사람이로다"라는 소리가 있은 뒤에는 "여호와의 구원을 너같이 얻은 백성이 누구냐"라는 소리가 이어진다. 두 가지 뜻을 새길 수 있다. 구약에서 행복은 사사로운 감정이 아니라 공동체 모두가 누리고 나누고 새기는 마음이다. 구약에서 행복은 사람의 마음 상태를 지적하는 용어가 아니라 하나님과 이스라엘의 관계가 바르게·곧게·의롭게 회복된 상태를 가리키는 용어다.

구약의 가르침을 공시적으로 읽을 때 행복과 관련된 용어들이 다음 순서로 제기되고 있음에 주목하자. 행운(갓·가드)→기쁨(아셸)→좋음(토브)→행복한(아쉬레이). 다시 말해, 우연히 찾아온 행복(갓·가드)→나와 너의 기쁨(아셸)→의로워진 자들이 나누는 기쁨(토브)→하나님 안에서 누리는 행복(아쉬레이)이 된다. 구약에서 행복의 의미가 무엇인지가 여기서 드러난다. 행복은 점진적이다. 처음에는 혼자서 느꼈지만, 그 기쁨은 점차적으로 '우리 모두의' 행복이 되고, 신앙 공동체 모두의 정체성이 되면서, '행복'이라는 무늬의 씨줄은 하나님이 되시고, 그 날줄은 하나님의 백성이 되는 감격으로 퍼져 나간다.

구약에서 행복이란 우정이나 사랑처럼 서로가 공유하는 기쁨이다. 우연히 찾아온 행복(행운)이 없는 것은 아니지만, 그 우연한 순간의 기쁨은 행복이 무엇인지를 바라보게 하는 창문 역할을 한다. 순간의 행복이나 찰나의 즐거움은 진정 행복의 샘이 되지 못한다. 혼자서 사사롭게, 은밀히, 우연히 만끽하는 감각적 즐거움은 구약이 말하는 행복과는 아주 거리가 멀다.

구약의 행복은 점진적으로 깨닫고 누리고 나누는 마음이

다. 이 행복에 다다르기 위해서는 자기를 극복해야 한다. 자기만족을 넘어서서 창조주 하나님, 구원의 하나님이 주시는 은혜의 단계로 들어서야 한다. 하나님이 지으신 세계 안에서, 하나님이 사람을 지으시고 사람을 구원하신 이치를 깨달아야 한다. 그러다가 느끼게 되는 가슴 벅찬 감동이 행복의 지평선으로 내달린다. 히르슈하우젠(Eckart von Hirschhausen)이 말한 대로 '행복은 혼자 오지 않는다'[5]. 복은 시련과도 함께 온다! 행복은 깨달음과 함께 온다! 행복은 바른 믿음과 함께 온다!

행복하려면 마음을 경영하라

이제 구약의 시편이 힘주어 말하는 행복의 세계에 들어서 보자. 앞에서도 언급했지만, 구약의 시편은 히브리어 '아쉐레이'를 '행복하여라'보다는 '복이 있도다'로 옮겼다. 히브리어 '에셰르'가 품은 의미의 세계를 자칫 인간적이거나 인위적이거나 인간 중심적인 감정의 세계로 격하시킬 수 있는 우려를 차단하기 위해서다. 여기서 우리는 히브리어 '아셰르'나 그 연계형 구문인 '아쉐레이'가 히브리어의 상태 동사 '아샤르'에서 파생한 낱말들임을 다시 상기해야 한다.

히브리어 동사 '아샤르'는 그 뜻이 본래 '곧다, 평평하게 하다, 바르다'이다. 은유적으로는 '앞으로 곧장 나아가다, 정직하다, 발전하다'라는 뜻으로 그 의미가 확장되면서 '복이 있다, 복되도다'라는 뜻을 지니게 되었다. 시편 84편의 경우를 예로 삼아 시편이 말하는 행복의 세계를 체험해 보자.

나의 왕, 나의 하나님, 만군의 여호와여 주의 제단에서 참새도 제 집을 얻고 제비도 새끼 둘 보금자리를 얻었나이다 주의 집에 사는 자들은 복이 있나니 그들이 항상 주를 찬송하리이다 (셀라) 주께 힘을 얻고 그 마음에 시온의 대로가 있는 자는 복이 있나이다 그들이 눈물 골짜기로 지나갈 때에 그곳에 많은 샘이 있을 것이며 이른 비가 복을 채워 주나이다… 만군의 여호와여 주께 의지하는 자는 복이 있나이다 시 84:3-6, 12

우리말 성경에 따르면, 시편 84편에는 "복이 있나니"로 끝나는 문장이 세 곳(4, 5, 12절) 나온다. 거기에 "복을 채워 주나이다"(6절)가 한 번 더 나오면서 모두 4번에 걸쳐 시편의 행복이 무엇인지를 일깨우고 있다.

"복이 있나니"에 걸친 말이 "주의 집에 사는 자"(아쉬레이 요세베이 베이테카, 4절) "그 마음에 시온의 대로가 있는 자"(아쉬레이 아담 오쯔-로 바크 메실로트 빌바밤, 5절) "주께 의지하는 자"(아쉬레이 아담 보테아흐 바크, 12절)이지만, 모두 한결같이 '아쉬레이…'로 이어진다는 점에서는 같다. 누가 복이 있다고 말하는가? "주의 장막"에(1절), "여호와의 궁정"에(2절), "주의 집에"(4절), '주의 집을 자기 보금자리로 삼는'(3절) 자에게 복이 있다. "그 마음에 시온의 대로가 있는 자"(5절)가 복이 있다. "주께 의지하는 자"(12절)가 복이 있다.

처음에 우리가 살핀 창세기 30장의 레아 이야기에서는 무엇을 얻어서 행복했지만, 두 번째로 살핀 신명기 10장에서는 하나님의 말씀을 자기 삶의 길로 삼아서 행복했다. 세 번째로 살핀 신명기 33장에서는 하나님과의 관계가 바르게 회복되어서 행복했고, 이제 살피는 시편 84편에서는 삶의 좌표가 하나님 안에 있어서 행복하게 된다. 하나님 안에 즉 하나님의 집 안에 거하는 자가, 그 마음에 하나님의 집(성전)으로 가는 길이 열린 자가, 삶의 보금자리를 하나님으로 삼는 자가 복이 있다는 것이다.

이때 어려움은 "그들이 눈물 골짜기로 지나갈 때에 그곳에 많은 샘이 있을 것이며 이른 비가 복을 채워 주나이다"(6절)라는 구절이다. 이 구절은 읽기에 따라서는 '그들이 눈물 골까지를 지나갈 때 샘물이 솟아나 마실 것이며, 이른 비가 내리며 가을비도 샘을 가득 채울 것이다'가 되기도 한다(As they pass through the Valley of Baca, they make it a place of springs; even the autumn rain covers it with pools).

우리말 성경은 '늦은 비가 그 샘을 가득 채울 것이다'에 해당하는 히브리어 구문(감-베라코트 야테 모레)의 '베라코트'('베라카'의 복수형)를 '베레코트'(샘)로 읽지 않고 '베라코트'(복)로 읽으면서 본문의 뜻을 "복을 채워 주나이다"로 새겼다.[6] 이 경우 "눈물 골짜기"(아메크 합바카)와 '베라코트'(복) 사이에는 히브리어에서만 들리는 언어유희(word play)가 있다. '바카'(눈물) 골짜기가 '베라카'(복)의 샘으로 바뀐다는 것이다.

눈물(바카) 골짜기와 복(베라카)의 언어유희로 읽든, 샘(베레코트)과 복(베라코트)의 언어유희로 읽든, 시편 84편이 개진하는 순례자의 노래는 성전으로 가는 길을 찾아 걸어가면서 그 마음이 누리게 되는 변화를 행복의 샘(원천)으로 삼고 있음을 공표하고 있다.

눈물 골짜기를 걸어간다는 것은, 말하자면, 물음표가 솟구치는 현장이다. '왜 이렇게 되었지? 어쩌다가 이곳으로 왔지? 어떻게 이곳을 헤쳐 나가지?'와 같은 물음표가 쉴 없이 이어지는 현장이 눈물 골짜기다. 그 쉴 없는 질문이 샘으로 가득 찬 대답이 되려면 그 마음이 먼저 새로워져야 한다. 그 마음에 하나님이 주시는 느낌표로 채워질 때 눈물 골짜기는 하나님이 주시는 복의 골짜기로 바뀐다. '바카'의 눈물이 '베라카'의 복으로 바뀌게 된다.

행복하려면 마음을 경영해야 한다. 그리스도인의 삶은 '물음표'와 '느낌표' 사이에서 진행된다. 세속의 언어로 물어야 하고 믿음의 언어로 답해야 한다. 이성과 지성의 물음표로 얼룩진 마음이 영성의 느낌표로 바뀌어야 한다. 끊임없이 묻기만 한다면, 변화는 일어나지 않는다. 늘 느끼기만 한다면, 개혁은 결코 이루어지지 않는다. 질문은, 물음표는, 머리로 따지는 로고스적인 작업이다. 느낌표는, 대답하기는, 가슴으로 경험하는 파토스적인 작업이다. 물음표와 느낌표를 떨어져 있지 않게 하는 것, 그것이 바로 우리 그리스도인의 에토스(사는 방식)다. 구약의 행복은 우리 믿음의 로고스와 우리 신앙의 파토스가 우리 삶의 에토스로 이어지도록 만드는 좌표가 된다.

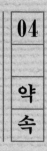

04

약
속

하나님이 세상을

지키시고 돌보시고 이끄시는 방식

구약의 약속, 구원사의 얼개

구약에는 우리말 '약속'이나 영어의 'promise'에 어울리는 히브리어 글자가 쉽게 드러나지 않는다. 약속은 말글로 표현된 내일을 향한 다짐이다. 약속(約束)이 '묶을 약(約), 묶을 속(束)'으로 이루어진 것도 '약속'의 속내가 굳은 다짐이라는 것을 감추지 않는다. 그 다짐의 어법은 미래를 향한다. 영어의 promise가 라틴어 promissum ← promittere(앞서 보내다, 미리 보내다, pro+mittere)에서 비롯되었다는 사실도 약속의 내면을 파악하는 작업에 도움이 된다.

어려움은, 이런 용도의 히브리어 글자를 구약에서 찾기가 힘들다는 데 있다. 구약의 글말에도 '약속'이란 글자가 나오기는 한다. 가령, 시편에서 "그의 약속하심도 영구히 폐하였는가"(가마르 오메르 레도르 봐도르, 시 77:8)라는 구절이 나온다. 이때 '약속'으로 해석한 '오메르'는 약속이라기보다는 그냥 '입에서 나오는 말'(speech)이다. 굳이 약속에 상응하는 히브리어 음운으로 볼 수 없다.

구약에 약속이 없다는 것이 아니다. '약속'에 걸맞은 히브리어를 꼭 짚기가 수월하지 않을 뿐 구약의 말씀은 약속으로 충만하다. 구약의 언어인 히브리어가 동사 문장을 중심으로 펼쳐진다는 사실을 간과해서는 안 된다. 히브리어 동사는 그 기본적인 시제가 크게 완료형(perfect)과 미완료형(imperfect)으로 둘이 있다. 이 같은 히브리어 어법은 구약 말씀의 구도를 약속에서 성취로 가는 여정으로 살피게 하기에 충분하다. 약속은 이루어질 것, 곧 미완료형이고 성취는 이루어진 것, 곧 완료형이다.

약속은 구약 신학에서는 친숙하다. 오래전 구약학자 클라인스(David Clines)가 《오경의 주제》(The Theme of the Pentateuch)를 하나님이 아브라함에게 주신 세 약속(후손 약속, 관계 맺음의 약속, 땅 약속, 창 12:2; 15:5; 17:5-6; 22:17)으로 꼽은 것은 그 한 예다.[7] 하나님의 약속은 오경의 신학을 구축하는 작업의 토대가 된다. 하나님이 아브라함과 맺은 약속을 매개로 구약의 내러티브(narrative)는 '하나님의 구원사'(Salvation History of God)의 트랙을 밟는다. 이 구원사의 얼개가 약속과 성취다.

하나님의 구원사에서 약속은 하나님의 언어로, 성취는 하나님의 행하심으로 표현된다. 약속이 말씀이라면, 성취는 역사(役事)다. 구약이 펼치는 구원사의 여정은 약속에서 성취까지 가는 길이다. 구약의 하나님은 약속하시는 주님이자 약속을 성취하시는 주님이다. 약속이 하나님의 현존을 증언한다면, 성취는 하나님의 임재를 증언한다. 구약 신학의 소재는 말씀하시는 하나님(God Who Speaks)과 역사(役事)하시는 하나님(God Who Acts)이다. 하나님의 역사(役事)가 드러나는 무대는 사람의 역사(歷史)로 국한되지 않는다. 사람살이가 전개되는 온 시공간이, 온 자연이, 다 하나님의 역사를 증언하는 무대가 된다.

"너희를 젖과 꿀이 흐르는 땅에 이르게 하리라"

출애굽에서 가나안 정착에 이르는 하나님의 구원사는 땅을 주겠다고 다짐하시는 하나님의 약속을 그 얼개로 삼는다. 출애굽한 이스라엘에게 "너희를 젖과 꿀이 흐르는 땅에 이르게 하리라"라고 다짐하시는 하나님의 약속은 출애굽의 모티프이자 이스라엘 신앙의 중추신경이다(출 3:8; 33:3; 레 20:24; 민 14:8; 신 6:3; 26:9; 수 5:6; 렘 11:5; 겔 20:6, 15 등). 해방에서 추방으로, 추방에서 회복으로 가는 이스라엘의 역사는 그 땅을 중심으로 펼쳐진다. 그 약속을 맨 처음 받은 자는 이스라엘의 족장 아브라함이다.

> 여호와께서 아브람에게 이르시되 너는 너의 고향과 친척과 아버지의 집을 떠나 내가 네게 보여 줄 땅으로 가라 내가 너로 큰 민족을 이루고 네게 복을 주어 네 이름을 창대하게 하리니 너는 복이 될지라 너를 축복하는 자에게는 내가 복을 내리고 너를 저주하는 자에게는 내가 저주하리니 땅의 모든 족속이 너로 말미암아 복을 얻을 것이라 하신지라 창 12:1-3

아브라함에게는 살던 고장이 있었다. 갈대아 우르와 하란(창 11:31). 그런 아브라함에게 하나님은 여태껏 살던 곳을 떠나서 하나님이 보여 주시는 땅으로 가라고 하신다. 아브라함이 떠나야 할 곳은 구체적인 장소이지만, 가야 할 곳은 명확하지 않다. 아브라함이 떠나야 했던 곳은 여태껏 살아온 곳이지만, 가야 할 곳은 하나님이 장차 보여 주실 땅이다.

우리말 성경의 창세기 12장 1절에서 하나님의 명령은 '떠나라'와 '가라'다. 히브리어 본문에서는 그냥 한 글자(레크)다. 명령형 동사 뒤에 '어디로부터'와 '어디어디로'를 지칭하는 전치사가 첨부되어 있을 뿐이다. 떠나는 동작과 가는 동작이 하나다. 떠나지 않으면 가지 못하고, 가기 위해서는 떠나야 한다. 이 명령이 아브라함을 복의 근원이 되게 하겠다는 하나님의 약속으로 이어진다(창 12:2-3). 명령의 의미가 하나님의 약속이라면, 약속의 전제는 하나님의 명령이다. 문제는 떠나야 하는 곳은 눈에 보이지만, 가야 할 곳은 보이지 않는다는 데 있다. 그 불확실성을 히브리서는 "약속의 땅"(히 11:8-9)이라고 불렀다.

약속의 땅은 가나안이다. 하나님이 아브라함에게 약속하신 땅은 출애굽의 이스라엘에게는 가나안 땅 정착기(수 1-24장)의 머리말이다. 창세기 12장 1-3절의 명령과 약속에는 가나안이란 지명이 꼭 집어 제시되지 않았다. 하나님의 약속을 누리는 자가 되려면 월드(world)를 떠나서 워드(word)에 들어서야 한다는 뜻이다. 구약은 하나님의 약속을 듣는 사람에게 눈에 보이는 세상이 아닌 귀에 들리는 말씀을 먼저 따르라고 촉구한다.

이제부터 아브라함은 나그네가 되어야 한다. 유랑자, 방랑자가 아니다. 유랑자, 방랑자에게는 갈 곳이 없지만, 아브라함에게는 갈 곳이 있다. 아브라함에게 주신 땅 약속은 하나님의 사람의 생존 양식은 언제까지나, 어디까지나, 하나님의 땅에 잠시 거주하는 나그네라고 일깨워 준다. "땅은 나의 것이다. 너희는 다만 나그네이며, 나에게 와서 사는 임시 거주자일 뿐이다"(레 25:23 새번역)라고 말씀하시지 않았는가.

구약에서 땅은 사람이 소유하는 토지나 사고파는 부동산이 아니다. 구약에서 땅은 하나님의 은총이자 약속의 대상이다. 하나님의 구원사는 땅 없는 자에게 땅을 주겠다고 다짐하시는 약속으로 읽을 수 있다. 구약학자 브루그만(Walter Brueggemann)의 말을 빌리면, 하나님의 구원사는 '땅 없음'(landlessness)에서 '땅 있음'(landedness)으로 가는 여정으로 시작한다.[8] 그 여정이 가나안 정착 후 '땅 있음'에서 '땅 잃음'으로 돌변하면서 약속의 땅은 아브라함→이삭→야곱→이스라엘→왕국 시대의 이스라엘→포로기의 이스라엘→포로 후기 이스라엘에게 영원한 희망의 대상이 된다.

구약에서 땅은 추상적인 공간이거나 흙이 아니다. 구약에서 땅은 하나님과 사람이 만나고, 사람이 하나님의 뜻을 펼치고, 하나님의 뜻을 어긴 사람들이 하나님의 약속을 다시 회상하는 장소다. 구약에서 땅은 스페이스(space)가 아니라 '플레이스'(place)다. 공간이 아니라 무대다.

땅 약속이 하나님의 사람에게 언제나 희망의 대상이 된다는 현실은 구원사의 진실이 시간이 아닌 공간에 담겨 있다는 사실을 드러낸다. 하나님이 기대하신 나그네살이를 바르게 할 때 우리는 하나님이 주신 땅을 유업으로 누리는 주인공이 된다. 하나님의 구원사에서 사람살이의 됨됨이를 평가하는 무대는 언제나 약속의 땅이다.

기다리면 이삭, 서두르면 이스마엘

구약에서 땅 약속은 태어날 아들을 기다리는 이야기와 맞물려 있다. 후손의 탄생은 창조주 하나님이 정하신 창조의 질서다(창 1:27-28). 아담→셋→노아→데라→아브라함에 이르는 창세기의 계보(창 4:1-11:32)는 생육하고 번성하는 창조 질서의 구현이 하나님의 구원사의 들머리인 것을 보여 준다.

문제는, 생육하고 번성하는 창조 질서의 구현이 아브라함 때에 와서 가로막혔다는 데 있다. 아브라함의 아내 '사라는 아이를 낳지 못했다'(봐테히 사라이 아카라, 창 11:30). 사라의 생리학적인 처지는 '아이를 낳지 못하는'(barren) 몸이었다. 그런데도 하나님은 아브라함과 사라에게 아들이 있을 것이라 약속하기를 멈추지 않으신다(창 17:4-6; 18:10). 아브라함을 여러 민족의 아버지, 사라를 여러 민족의 어머니가 되게 하겠다고 힘주어 말씀하신다(창 17:5, 16).

그 약속에 아브라함은 엎드려 웃으며 중얼거렸다. "백 세 된 사람이 어찌 자식을 낳을까 사라는 구십 세니 어찌 출산하리요"(창 17:17). 그러면서 그 속내를 털어놓았다. "이스마엘이나 하나님 앞에 살기를 원하나이다"(창 17:18).

아브라함이 중얼거린 "백 세 된 사람이 어찌 자식을 낳을까"라는 소리는 히브리어 문법적으로는 수동태(니팔형)다. 백 세 된 사람이 무엇을 하겠다는 소리가 아니라 백 세 된 사람에게 무슨 일이 일어날 것인가다. 자식의 탄생에서 아브라함은 그 주체가 아니다. 아브라함에게 아들이 없지는 않았다. 그가 팔십육 세였을 때 사라의 여종 하갈이 낳아 준 아들이 있었다(창 16:15-16). 아브라함이 속으로 중얼거린 소리는 아브라함이 그동안 이스마엘과 쌓아 온 부자(父子)의 정이 이미 14년이나 되었다는 암시이기도 하다.

하나님의 약속은 세속에 젖은 인생을 하나님의 사람으로 여물게 하는 마중물이다. 아브라함에게는 세상의 풍속을 따라 얻은 아들이 약속에 따라 태어날 아들보다 커 보였지만, 하나님의 생각은 아브라함과 달랐다. "아니라 네 아내 사라가 네게 아들을 낳으리니 너는 그 이름을 이삭이라 하라"(창 17:19a) 하신다. 좀 더 기다리라는 소리다. 이스마엘이 아브라함의 아들이 아니라 이삭이 아브라함의 아들이라는 것이다. 만나교회를 세운 고(故) 김우영 목사가 하신 말씀을 빌리면, "서두르면 이스마엘, 기다리면 이삭"이다.

약속은 기다림을 동반한다. 기다리며 기대하고, 기대하며 기도하는 것이 약속이다. 사람은 기다림에 익숙하지 못하다. 기대하기보다는 서두른다. 기도하는 것에도 서툴기 짝이 없다. 그랬던 아브라함을 하나님이 다시 찾아가서 약속하신다.

그가 이르시되 내년 이맘때 내가 반드시 네게로 돌아오리니 네 아내 사라에게 아들이 있으리라 하시니 사라가 그 뒤 장막 문에서 들었더라 아브라함과 사라는 나이가 많아 늙었고 사라에게는 여성의 생리가 끊어졌는지라 사라가 속으로 웃고 이르되 내가 노쇠하였고 내 주인도 늙었으니 내게 무슨 즐거움이 있으리요 창 18:10-12

이번에는 사라가 문제였다. 사라는 네 아내 사라에게 아들이 있으리라는 소리를 순전히 생물학적인 임신→출산으로 받아들였다. 하나님의 약속에는 아브라함과 사라가 늙었다는 현실이 아무런 문제가 되지 않는다. 아브라함과 사라의 기다림에 일 년을 더 추가하셨을 뿐이다. 그런 하나님의 약속을 사라는 너무나 인간적인 방식으로 받아들인다. "사라에게는 여성의 생리가 끊어졌는지라" 하지 않는가.

히브리어 본문에서 이 구절은 '여성들의 생리'(케오락흐나쉼)가 아니라 '다른 여성들과 같은 생리'(오락흐 칸나쉼)다. 히브리어 '오락흐'는 문자적으로는 여성들의 생리이지만, 브리스먼(Leslie Brisman)에 따르면, 히브리어 '오렉하'(방문객)를 시사하는 글자다.[9) 아! 사라에게는 방문객이 없었다! 그랬기에 사라는 이렇게 반응했다. "내가 노쇠하였고 내 주인도 늙었으니 내게 무슨 즐거움이 있으리요." 생리학적으로 그 몸이 말라 버린 여자에게 '무슨 즐거움(에덴)이 있겠는가'라고 외친 것이다.

하나님의 약속은 약속을 들은 자를 약속에서 성취로 가는 지평선에 들어서게 한다. 사람의 무늬(人文)로 가득 찬 지평선이 아니다. 그 지평선은 처음부터 마지막까지 하나님의 무늬(天文)로 가득 차 있다. 아브라함과 사라는 아들의 태어남을 지극히 인간적인 방식으로만 상상하지만, 하나님은 전혀 다른 방식으로 약속의 성취를 다짐하고 계신다. 그 성취를 증언하는 보도가 이것이다. "여호와께서 말씀하신 대로 사라를 돌보셨고 여호와께서 말씀하신 대로 사라에게 행하셨으므로 사라가 임신하고 하나님이 말씀하신 시기가 되어 노년의 아브라함에게 아들을 낳으니"(창 21:1-2)! 그때 아브라함의 나이 백 세였다(창 21:5).

약속에서 성취로 가는 구원사의 길은 사람의 힘으로 헤쳐 가는 길이 아니다. 그 길은 하나님의 역사(役事)를 체험하는 길이다. 사람살이의 역사(歷史)가 하나님의 역사(役事)로 채워지지 않는 한 약속에서 성취로 가는 길은 언제나 미완성이다. 여기에 아브라함과 사라가 기뻐해야 할 이유가 있다. 약속에서 성취로 가는 여정에서 아브라함과 사라는 사람의 길이 아닌 하나님의 길에 들어섰다. 약속의 아들 이삭을 품에 안게 하시는 하나님의 일을 상기할 때마다 사람은 기뻐하지 않으면 안 된다. 사라가 크게 웃어야 할 이유도 여기에 있다.

언약, 약속의 다른 이름

구약은 온 세상을 지으신 창조주 하나님 이야기로 시작한
다. 창조주 하나님 이야기에서 소중한 모티프는 언약(베리트)이
다. 언약은 약속의 다른 이름이다. 세상을 창조하신 하나님이
사람을 그 형상대로 지으신 뒤 복을 주시며 하신 말씀(창 1:28-
30)도 그 속내는 언약이다. 언약은 창조주 하나님이 세상을 지
키시고 돌보시고 이끄시는 방식이다. 사람들이 주고받는 서
약, 맹세가 아니라 하나님이 하나님의 사람에게 다짐하시는
약속이다. 그 약속이 노아 언약(창 9:11-13)→아브라함 언약(창
15:18)을 거쳐 시내산 언약(출 19:1-24:1-18)으로 치닫는다. 시내산
언약의 들머리에 이런 글이 나온다.

세계가 다 내게 속하였나니 너희가 내 말을 잘 듣고 내 언약을
지키면 너희는 모든 민족 중에서 내 소유가 되겠고 너희가 내
게 대하여 제사장 나라가 되며 거룩한 백성이 되리라 너는 이
말을 이스라엘 자손에게 전할지니라 출 19:5-6

엑소더스(exodus)는 구원과 해방으로 그쳐서는 안 된다. 출
애굽 여정(출 1-18장)이 시내산 이야기의 엑소더스(출 19-40장)로
이어지는 까닭을 간과해서는 안 된다. 시내산 이야기의 첫 자

락이 출애굽기 19장이다.

구약이 전하는 하나님은, 유대 철학자 아브라함 헤셸 (Abraham Joshua Heschel, 1907-1972)의 말로 하면, "사람을 찾아오시는 하나님"(God in Search of Man)이다. 사람을 찾아오시는 하나님은, 역시 헤셸의 표현에 따르면, "사람은 홀로 존재하지 않는다"(Man is Not Alone)와 상응하는 개념이다. 에덴의 동쪽에서 바벨에 이르는 역사(창 4:1-11:9)는 하나님을 떠나서 하나님 없이 홀로 생존하려던 야망의 드라마였다. 하나님의 구원사는 이런 야망의 드라마를 바로잡으려는 의도에서 출발하였다. 아브라함→이삭→야곱→야곱의 자손에 이르는 이스라엘의 초기 역사가 하나님의 구원사의 첫 번째 챕터(chapter)라면, 히브리 사람으로 불리던 이스라엘이 애굽살이의 멍에에서 벗어나 하나님을 섬기는 신앙 공동체로 나가는 행진은 하나님의 구원사의 두 번째 챕터(chapter)다.

출애굽기 19장은 애굽 땅을 떠난 이스라엘이 시내 광야 시내산 앞에 장막을 치고 머무르자 하나님이 시내산 위에서 모세를 부르시는 장면으로 시작한다. 모세를 산 위로 부르셔서 산 아래에 장막을 치고 머물러 있던 해방 공동체를 신앙 공동체로 다시 세우려고 하신다. 말씀으로 세상을 창조하신 하나님은 시내 광야 시내산에서 이스라엘을 신앙 공동체로 창조하신다. 그 들머리가 하나님이 이스라엘과 언약을 맺으시는 장면이다.

시내산 언약의 골자는 '너희가 내 말을 잘 듣고 내 언약을 지키면 내 소유가 되겠고 제사장 나라가 되며 거룩한 백성이 되리라'에 있다. "세계가 다 내게 속하였나니"(키-리 콜-하아레츠)는 히브리어 문장에서는 맨 끝에 나온다. 시내산에서 울려 퍼지는 하나님의 음성은 "너희가 내 말을 잘 듣고 내 언약을 지키면"으로 시작한다. 하나님은 애굽 영토를 벗어나서 시내산에 당도한 이스라엘에게 이렇게 다짐하셨다. '너희가 하나님의 언약을 잘 지키면, 하나님의 소유(세굴라)가 될 것이다. 세계가 다 하나님의 것이기 때문이다(키-리 콜-하아레츠, 출 19:5). 이제 이스라엘은 하나님을 위한 제사장 나라(맘레케트 코하님), 거룩한 백성(고이 카도쉬)이 되리라'(출 19:6a).

시내산 언약은 하나님의 이야기가 창조사에서 구원사로 넘어가는 자리에 있다. 해방 공동체 이스라엘이 자기 정체성을 언약 공동체 이스라엘로 다짐하게 되는 계기가 하나님의 언약이다. 언약은 계약과 다르다. 주고받는 물건이 없기 때문이다. 비록 거기에 "너희가 내 언약을 지키면"이라는 조건절이 있지만, 구약에서 언약의 이름으로 주어지는 하나님의 약속은 하나님의 사람(하나님의 소유, 제사장 나라, 거룩한 백성)이 지켜야 하는 조건보다 훨씬 더 크고 광대하다. 창조사를 하나님의 구원사로 들어서게 하는 언약은 창조 질서를 회복하는 구원의 경륜이다. 하나님의 창조 질서를 보전하는 일에 헌신하는 언약 공동체를 통해서 하나님은 세상의 악과 혼돈이 창조 세계를 파괴하지 않도록 보장하신다.

하나님이 지으신 세상이지만, 창조주 하나님은 세상 안에 선이 악과, 빛이 어두움과 공존하도록 하셨다(창 1:4, 14; 시 74:13-17; 사 51:9-10). 어둠이 빛과 공존하지만, 그러나, 하나님은 어둠을 엄격하게 다스리신다. 세상 만물이 보기에 아름다운 것은 세상을 공의롭게 보존하겠다고 약속하신 하나님의 언약이 있기 때문이다. 출애굽 공동체는 하나님의 뜻을 이루는 이 언약 공동체가 되어 하나님의 뜻을 자기 삶의 현장에 구현해야 한다.

"내가 그의 나라를 영원히 견고하게 하리라"

구약의 약속은 시내산에서 시온으로 향한다. 시내산과 시온은, 구약학자 레벤슨(Jon D. Levenson)에 따르면, 이스라엘 신앙으로 들어서는 두 개의 출입구다.[10] 시내산 언약에서 하나님만을 섬기는 신앙 공동체가 탄생했다면, 시온에서 주신 약속에서는 다윗 왕조라는 정치사회적 실체가 태어난다. 시온약속은 이른바 나단 신탁(삼하 7:4-17)이다. 나단 신탁(神託)이란 하나님이 선지자 나단을 통해서 다윗에게 주신 예언 형식의 약속이다. 시온에서 주어진 나단 신탁에서 구약의 약속은 새로운 면모를 갖춘다.

> 그러므로 이제 내 종 다윗에게 이와 같이 말하라 만군의 여호와께서 이와 같이 말씀하시기를 내가 너를 목장 곧 양을 따르는 데에서 데려다가 내 백성 이스라엘의 주권자로 삼고 네가 가는 모든 곳에서 내가 너와 함께 있어 네 모든 원수를 네 앞에서 멸하였은즉 땅에서 위대한 자들의 이름같이 네 이름을 위대하게 만들어 주리라… 네 수한이 차서 네 조상들과 함께 누울 때에 내가 네 몸에서 날 네 씨를 네 뒤에 세워 그의 나라를 견고하게 하리라 그는 내 이름을 위하여 집을 건축할 것이요 나는 그의 나라 왕위를 영원히 견고하게 하리라 삼하 7:8-9, 12-13

하나님이 다윗에게 주신 약속은 그 형식이 일방적이다. 이 하나님의 다짐에는 아무런 조건도 없다. 이 같은 모습은 시내산 언약과는 크게 차이가 난다. 시내산 언약에는 분명한 조건이 있었다. 시내산 언약에 담긴 하나님의 약속은 일방적이지 않고 쌍방적이었다.

시온 약속의 배경에는 하나님을 위해서 하나님의 집을 지어드리겠다고 나선 다윗의 헌신이 있다(삼하 7:1-3). 다윗의 헌신을 보신 하나님이 '내가 다윗을 위하여 집을 지어 주겠다'라고 다짐하신다. 다윗이 짓겠다고 나선 '하나님의 집'(성전) 대신 하나님이 다윗을 위한 '다윗의 집'(다윗 왕조)을 세워 주시겠다는 것이다. 바로 그 약속이 형식상 그냥 일방적이다.

시온 약속에는 다윗 왕조가 약속의 땅 가나안에 하나님의 뜻이 실현된 사회를 구축하기를 바라는 하나님의 기대가 들어 있다. 아담과 하와가 등졌던 에덴을 회복시키는 사명이 다윗 왕조에게 주어진 것이다.[11]

시온 약속의 뿌리는 이스라엘의 족장에게로 거슬러 올라간다. 하나님이 아브라함과 맺으신 언약에는 "내가 너로 심히 번성하게 하리니 내가 네게서 민족들이 나게 하며 왕들이 네게로부터 나오리라"(창 17:6)는 조항이 있었다. 같은 내용이 야곱에게 복을 주시는 이야기에도 나온다. "하나님이 그에게 이르시되 나는 전능한 하나님이라 생육하며 번성하라 한 백성과 백성들의 총회가 네게서 나오고 왕들이 네 허리에서 나오리라"(창 35:11). 시온 약속은 이스라엘의 족장들과 맺으신 언약의 성취다.

사사기에서 열왕기하에 이르는 구약의 역사서는 이스라엘의 가나안 정착기 첫 단계부터 왕의 필요성을 제기하는 음성을 들려준다. 그 최초의 시도가 기드온의 아들 아비멜렉이 세겜에서 스스로 왕위에 오른 사건이다(삿 9장). 비록 그 기간이 짧고 바람직하지 않은 자취를 남겼지만, 이스라엘 역사에서 왕권(kingship)이 필요하다는 요청은 가나안 정착기의 고민을 반영한다. 게다가 사사기 후반부(17-21장)에 수록된 참혹한 보도는 그 시작과 끝에 이런 코멘트를 남기고 있다. "그때에는 이스라엘에 왕이 없었으므로 사람마다 자기 소견에 옳은 대로 행하였더라"(삿 17:6; 21:25).

시온 약속은 시내산 언약과 함께 구약의 신앙을 공시적(synchronic)으로 수렴하게 한다. 시내산 언약이 행함을 조건으로 제시한다면, 시온 약속은 순전한 하나님의 은총을 강조한다. 오랫동안 구약학자들은 시내산 이야기와 시온 이야기가 통시적으로(diachronic), 전승사적으로 어떻게 수렴되고 수용되고 편집되었는지에 관심을 기울였다. 그러나 현재 우리가 읽고 있는 성경에서 시내산 언약과 시온 약속은 우리에게 공시적으로 주어져 있다. 이 문학적 진실을 외면해서는 안 된다.

하나님의 은총을 잃어버린 행함의 언약은 구약의 신앙이 아니다. 행함을 잊어버린 하나님의 은총은 구약이 전하는 이스라엘 신앙이 아니다. 시내산 언약과 시온 약속은 함께 가야 한다. 거기에서 시내산 언약과 시온 약속은 기독교 신앙에 들어서는 두 입구가 된다.

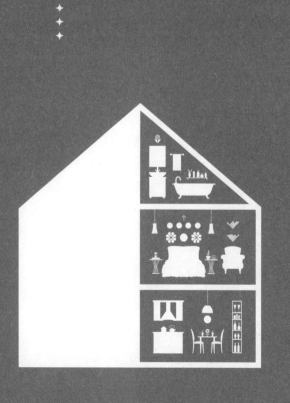

2부

구약의 언어로
하나님 나라 누리기

05

눈

물

구약에서 눈물은

기쁨의 마중물이다

눈물, 울음·애통·탄식

구약의 눈물은 다의(多義)적이다. 다성(多聲)적이다. 다중(多重)적이다. 우리말 사전에서 눈물은 "눈물샘(淚腺)에서 나와 눈알을 축이는 물방울"이자 "사람의 감정을 비유하여 이르는 은유"이지만, 구약에서 눈물은 그렇게 단선적이지 않다. 구약에서 눈물은 울음(창 27:38), 슬픔(삼하 13:37), 애통(욜 2:12), 참회(시 119:136), 눈물의 양식(시 42:3; 80:5; 102:9), 회개(욜 2:12), 깨달음(느 8:9) 등 아주 복합적인 의미를 지닌다.

눈물에는 소리가 없다. 눈물을 훔치기는 하지만 눈물이 흐르는 소리가 들리지는 않는다. 그렇지만 구약의 눈물에는 탄식(출 2:23), 울부짖음(렘 9:10), 슬픈 노래(겔 26:17), 애통(애 1:2) 같은 단조의 가락이 가득 들어 있다. 사람살이에서 눈물은 사람의 마음 상태를 드러내는 창(窓)이지만, 구약에서 눈물은 하나님의 마음을 보여 주는 창이기도 하고(렘 14:17), 세상살이 형편을 지칭하는 창이기도 하다(시 84:6). 구약의 눈물이 늘 슬픔의 언저리에서만 쏟아지는 것은 아니다. 기뻐서 흘리는 눈물도 있다(느 8:9).

구약에서 '눈물, 울음·애통·탄식'을 가리키는 글자는 크게 두 부류다. 히브리어 명사 '딤아'(눈물, tears)와 히브리어 동사 '바카'(눈물을 흘리다, to weep)나 거기에서 파생한 '보케' '베케' '베키'가 그것이다.[12] 이 낱말들은 모두 안타깝고, 억울하고, 속상하고, 답답하고, 괴롭고, 힘들고, 애절한 처지를 대변한다. 눈물을 가리키는 한자어 '눈물 루(淚)'에도 이런 처지가 담겨 있다. '눈물 루(淚)' 자의 상형은 삼수변(氵 = 물 수[水])에 '어그러질 려(戾)'인데, '어그러질 려(戾)'의 모양새는 문(戶) 안에 갇혀 있는 개(犬)에 쏠려 있다. 눈물 루(淚)의 자형적 의미가 '울 안에 갇힌 개가 밖으로 나가기 위해서 울부짖는' 모양새라는 것이다.

구약에서 눈물을 흘리는 상황을 대변하는 글자는 단연 히브리어 동사 '바카'다. "엘리사가 죽을 병이 들매 이스라엘의 왕 요아스가 그에게로 내려와 자기의 얼굴에 눈물을 흘리며 (봐이예베크 아나브) 이르되 내 아버지여 내 아버지여 이스라엘의 병거와 마병이여 하매"(왕하 13:14)에서 '눈물을 흘리다'(바카)라는 문구가 바로 절절히 애통해하는 상황을 가리킨다. 히브리어 '바카'는 분사형(보케)으로도 쓰이는데, 이때는 그 쓰임새가 '줄곧 울고 있는 상황'(continual weeping, 스 10:1a)에 쏠리고 있다. 반면, '바카'에서 파생한 명사 '베케, 베키'는 각각 '통곡'(스 10:1b)과 '울음'(말 2:13a)의 현상을 가리킨다.

구약에서 히브리어 명사 '딤아'(눈물)는 동사 '바카'(눈물을 흘리다)와 동의어로 쓰인다. 예루살렘 도성의 패망을 애달파 하는 예레미야애가의 들머리가 그 단적인 경우다. "슬프다 이 성이여… 밤에는 슬피 우니(바코 티브케 발라일라) 눈물이 뺨에 흐름이여

(베딤아타 알 레헤야)···"(애 1:1, 2)에서 '슬피 울다'(바카)의 동의어는 '눈물(딤아)이 흐르다'이다. 이런 용례는 거짓을 행하는 유다 백성을 꾸짖는 말라기에도 나온다. "너희가 이런 일도 행하나니 곧 눈물(딤아)과 울음(베키)과 탄식(아나카)으로 여호와의 제단을 가리게 하는도다"(말 2:13). 이 경우, '딤아'(눈물)의 동의어는 울음(베키)과 탄식(아나카)이다.

구약의 눈물(딤아)은 은유적으로 생존의 양식이나 간절한 간구, 탄원이 되기도 한다. "내 눈물(딤아)이 주야로 내 음식이 되었도다"(시 42:3)와 "나의 눈물(딤아)을 주의 병에 담으소서(시 56:8)가 그런 경우다. "내가 네 기도(테필라)를 들었고 네 눈물(딤아)을 보았노라"(왕하 20:5)에서도 눈물은 탄원의 기도와 같은 뜻이 된다. 그런 눈물을 보시고 역사의 주인이신 하나님은 장차 하나님의 사람의 "모든 얼굴에서 눈물(딤아)을 씻기시며 자기 백성의 수치(헤르파)를 온 천하에서 제하시리라"(사 25:8)고 말씀하신다. 이때 눈물은 수치심의 완곡어법에 해당한다.

하갈의 눈물, 다윗의 눈물

구약의 눈물을 새길 때 주목하게 되는 것은, 눈물을 짓게 만드는 상황이다. 그중에서도 두드러지는 장면은 자식의 처지를 애끓는 마음으로 바라보는 부모의 경우다. 하갈이 그 아들 이스마엘이 당하는 곤경 앞에서 대성통곡한 일이 바로 그런 사례다.

아브라함이 아침에 일찍이 일어나 떡과 물 한 가죽부대를 가져다가 하갈의 어깨에 메워 주고 그 아이를 데리고 가게 하니 하갈이 나가서 브엘세바 광야에서 방황하더니 가죽부대의 물이 떨어진지라 그 자식을 관목 덤불 아래에 두고 이르되 아이가 죽는 것을 차마 보지 못하겠다 하고 화살 한 바탕 거리 떨어져 마주 앉아 바라보며 소리 내어 우니 창 21:14-16

창세기 21장에서 하갈은 이스마엘과 함께 '쫓겨난 자'다. 아침 일찍이 쫓겨난 하갈과 이스마엘이 있는 곳은 "브엘세바 광야"다. 하갈과 이스마엘에게 주어진 것은 "떡과 물 한 가죽부대"다. 그들은 지금 하루치 식량만 지닌 채 광야에서 방황하고 있다. 그마저 가죽부대의 물이 바닥나고 말았다. 하갈과 이스마엘은 통곡할 수밖에 없는 상황에 내몰리게 된다. 마침내 하갈이 목 놓아 울부짖었다. "(하갈이) 소리 내어 우니"(창 21:16).

우리말 성경에서는 "소리 내어 우니"이지만, 히브리어 구문은 '(하갈이) 자기 목소리를 높이고 엉엉 울었다'(봣팃싸 에트-콜라흐 봣테베크)이다. 히브리어 구문은 '엉엉 울었다(바카)'라고 말하기 전에 '자기 목소리를 높였다'라는 구문을 먼저 쏟아놓았다. 하갈은 단순히 눈물만 흘리지 않았다. 하갈은 소리 내어 목청껏 엉엉 울었다.

그 울음소리에 하나님이 응답하셨다. "하나님이 그 어린아이의 소리를 들으셨다"(봐이이쉬마 엘로힘 에트-콜 한나아르, 창 21:17a). 아이의 울음소리가 하갈의 통곡에 묻혀 있었지만, 하나님은 아이의 입에서 솟구치는 그 울음에 더 예민하게 반응하셨다. 그러면서 약속하셨다. "일어나 아이를 일으켜 네 손으로 붙들라 그가 큰 민족을 이루게 하리라"(창 21:18). 쫓겨난 자라고 아우성치지 말라. 야속한 세상살이를 헤쳐 나가려면 하나님의 약속을 붙들어야 한다. 야속(野俗)을 넘어서게 하는 것은 하나님의 약속(約束)이다!

아들을 기억하며 통곡하는 소리는 아버지 다윗에게서도 들린다. 다윗의 경우, 하갈의 처지와는 그 상황이 다르다. 아버지를 사랑하는 아들이 아니라 아버지를 배신한 아들을 향한 아버지의 애잔한 마음이 다윗의 울음소리에 배어 있다. 아버지를 배신하고 반기를 들며 반역의 무리를 이끌던 압살롬이 전장에서 살해되었다는 소식을 듣자, 다윗은 이렇게 절규했다.

> 요압의 무기를 든 청년 열 명이 압살롬을 에워싸고 쳐 죽이니라… 구스 사람이 이르러 말하되 내 주 왕께 아뢸 소식이 있나이다 여호와께서 오늘 왕을 대적하던 모든 원수를 갚으셨나이다 하니 왕이 구스 사람에게 묻되 젊은 압살롬은 잘 있느냐 구스 사람이 대답하되 내 주 왕의 원수와 일어나서 왕을 대적하는 자들은 다 그 청년과 같이 되기를 원하나이다 하니 왕의 마음이 심히 아파 문 위층으로 올라가서 우니라 그가 올라갈 때에 말하기를 내 아들 압살롬아 내 아들 내 아들 압살롬아 차라리 내가 너를 대신하여 죽었더면, 압살롬 내 아들아 내 아들아 하였더라 삼하 18:15, 31-33

압살롬이 살해되었다는 소식에 다윗은 "마음이 심히 아파… 문 위층으로 올라가서 울었다"(삼하 18:33a, 봐이이르가쯔 함멜렉…봐이예베크). 다윗은 압살롬의 죽음에 '마음이 심히 아파… 소리 내어 엉엉 울었다(바카)'는 것이다. 이때 우리말 성경에서 "마음이 심히 아팠다"로 옮겨진 히브리어 동사는 '큰 충격을 받고 휘청거렸다'(The king was shaken)라는 뜻이다.

히브리어 '바카'가 자아내는 풍경은 단순히 눈물을 흘리는 모습이 아니다. 구약에서 눈물은 온몸과 온 마음이 휘청거릴 정도로 아프고, 상하고, 괴로운 처지를 대변한다. 그 상실의 아픔을 다윗은 "압살롬"이라는 이름을 세 번, "내 아들"이라는 호칭을 다섯 번씩 반복하면서 삭이고 있다. 얼마나 안타까웠으면 "내 아들 압살롬아 차라리 내가 너를 대신하여 죽었더면"이라고까지 소리쳤을까! 자식은 자식이다. 아무리 배반했어도 어버이에게 자식은 자식이다.

다윗의 눈물은 하늘의 소리를 듣게 하는 뜨락이 되었다. 압살롬의 죽음에 통곡하는 다윗을 두고 다윗의 신하 요압이 항변했다(삼하 19:1-7). 다윗은 자기 자식의 죽음을 애달파하다가 다윗왕을 지키기 위해 기꺼이 자기 목숨을 던진 신하들의 희생까지 외면해 버려선 안 되었다. 눈물은 흘릴 때가 있고 삼켜야만 할 때가 있다. 흘려야 할 눈물의 양 못지않게 삼켜야 할 눈물이 있다. 김현승의 시 '눈물'에도 이런 깨달음이 아로새겨 있다.

더러는 / 옥토沃土에 떨어지는 작은 생명生命이고저…
흠도 티도, / 금 가지 않은 / 나의 전체全體는 오직 이뿐!
더욱 값진 것으로 / 들이라 하올제,
나의 가장 나아중 지니인 것도 오직 이뿐!
아름다운 나무의 꽃이 시듦을 보시고 / 열매를 맺게 하신 당신은,

나의 웃음을 만드신 후에 / 새로이 나의 눈물을 지어 주시다

눈물은 단순히 눈에서 떨어지는 액체가 아니다. 김현승의 시에서 눈물은 가슴 아파서, 울부짖기에 맺혀지는 물방울이 아니다. 그에게 눈물은 "더러는 옥토에 떨어지는 작은 생명"이다. 눈물은 사라지지 않는다. 눈물은 새로운 세계를 빚어내는 거름이다. 눈물은 순수하다, 순전하다, 순결하다.

김현승은 그의 시 '눈물'의 창작 동기를 이렇게 털어놓은 적이 있다. "그렇게도 아끼던 나의 어린 아들을 잃고 나서 애통해하던 중 어느 날 문득 얻어진 시다." [13] 눈물의 정체가 여기서 새롭게 드러난다. 눈물은 삶의 환희가 아닌, 삶의 아픔을 승화시킨 결정체다. 그리스도인에게 눈물은 자기 성숙을 드러내는 창(窓)이다. 잠시 피었다가 스러지는 삶의 꽃이 웃음이라면, 눈물은 진실과 영원에 이르게 하는 삶의 열매다. 사람의 인생을 여물게 하는 것은 기쁨이 아니다. 사람은 고통과 슬픔을 삭이는 여정을 통해서만 성숙해진다. 그렇다. 눈물은 사람의 영혼을 맑게 씻어 내는 하나님의 은총이다. "나의 웃음을 만드신 후에, 새로이 나의 눈물을 지어 주시다"라고 하지 않는가!

순례자의 눈물

구약에서 눈물은 기쁨의 마중물이다. 흔히 눈물의 반대말을 웃음으로 규정하지만, 구약에 나오는 순례자의 노래(시편 126편)에서 눈물의 반대말은 기쁨이다. 물론, 눈물의 반대편에 웃음과 찬양이 있다는 사실을 부정하지는 않는다(시 126:2). 그렇지만 시편 126편 5-6절에서 흐르는 눈물은 기쁨에 다다르게 하는 이정표다. "눈물을 흘리며 씨를 뿌리는 자는 기쁨으로 거두리로다"라고 외치기 때문이다.

여호와께서 시온의 포로를 돌려보내실 때에 우리는 꿈꾸는 것 같았도다 그때에 우리 입에는 웃음이 가득하고 우리 혀에는 찬양이 찼었도다 그때에 뭇 나라 가운데서 말하기를 여호와께서 그들을 위하여 큰일을 행하셨다 하였도다 여호와께서 우리를 위하여 큰일을 행하셨으니 우리는 기쁘도다 여호와여 우리의 포로를 남방 시내들같이 돌려보내소서 눈물을 흘리며 씨를 뿌리는 자는 기쁨으로 거두리로다 울며 씨를 뿌리러 나가는 자는 반드시 기쁨으로 그 곡식 단을 가지고 돌아오리로다

시 126:1-6

시편 126편은 그 동사의 시제나 어법, 글말의 분위기에

서 '지난날에 대한 묘사'(1-2절)→'오늘의 청원'(3-4절)→'내일을 향한 다짐'(5-6절)으로 읽을 수 있다. 이런 구도 속에서 시편 126편은 하나님이 하신 큰일을 기억하고(1-2절)→하나님이 하시는 새 일을 고대하면서(3-4절)→하나님이 하실 놀라운 일을 맞이하는 시인의 삶을 다짐하게 한다(5-6절). 하나님이 하신 큰일을 "웃음"(2절)으로 되새기고, 하나님이 하셔야 할 새 일을 간청하면서(4절), 하나님이 이루실 놀라운 일에 적극 참여하게 될 때 "눈물"(5절)과 "울음"(6절)이 "기쁨"(5, 6절)으로 바뀌는 감격을 누리게 된다고 밝히고 있다.

시편 126편이 고백하는 하나님의 큰일이 무엇인지는 새기기가 쉽지 않다. 시편 126편 1, 4절에서 "포로를 돌려보낸다"로 번역된 히브리어 구문은 번역본에 따라서 그 이해도가 다르다. 우리말 번역 "여호와께서 시온의 포로를 돌려보내실 때에… 여호와여 우리의 포로를 남방 시내들같이 돌려보내소서"는 히브리어 성경(BHS)의 본문 비평 장치의 제안대로 그리스어 본문과 몇몇 마소라 사본의 독법을 따라서 본문을 '쉐부트'(포로들)로 읽은 결과다. 이에 비해 예컨대 NRSV 성경은 히브리어 본문을 직역해서 "주님께서 시온의 운명(쉬바트)을 회복하실 때… 우리의 운명을 회복시키소서. 오 주님, 네게브에서 흐르는 시내들처럼"(When the Lord restored the fortunes of Zion… Restore our fortunes, O Lord, like the watercourses in the Negeb)으로 읽는다.

같은 본문을 두고 번역본들이 서로 다르게 읽고 있다. 히브리어 본문이 본래 자음으로만 기록되어 있었기에 모음 부호를 어떻게 붙이냐에 따라서 글말의 세계가 달라지는 까닭이다. 우리말 번역의 경우, 시편 126편은 바벨론 포로로 끌려갔다가 시온으로 돌아오게 된 자들이 지난날 하나님이 이루신 큰일을 상기하면서 아직 유배지에 남아 있는 형제자매들도 고향으로 돌아오게 해달라고 하나님께 드리는 간청이 된다. 반면, NRSV 성경을 따른다면, 시편 126편은 예컨대 초막절 절기에, 예루살렘 주변의 기후가 건기에서 우기로 접어드는 절기에, 예루살렘으로 가는 순례객들이 예루살렘을 위해 간절히 부르는 노래가 된다.[14]

시편 126편에는 '성전에 올라가는 노래'라는 제목이 붙어 있다. 시편의 모양새가 시편 119편을 사이에 두고 그 앞에는 유월절 예전시(113-118편)가, 그 뒤에는 초막절 순례시(120-134편)가 자리 잡고 있다는 사실은 예사롭지 않다.[15]

시편 본문에 추가된 제목이 시편 읽기의 독법을 이끈다는 사실을 전제한다면, 시편 126편은 '초막절을 전후로 이스라엘의 계절이 농사를 지을 수 없던 건기에서 새해의 농사를 시작하는 우기로 전환할 때' 시온으로 올라가는 순례자들이 드린 기도일 수 있다. 한 해 농사가 시작되려는 계절에 예루살렘을 찾은 순례객들이 시온의 운명이 메마름에서 풍요함으로 바뀌게 해달라고 간청하는 기도일 수 있다는 것이다. 하나님이 하실 그 일을 향해서 지금 눈물을 흘리며 애를 쓴다면 반드시 기쁨으로 추수하게 되는 삶을 거둔다는 것이다. 바로 그런 청원에서 순례자의 눈물은 기쁨으로 나아가는 이정표가 된다. 그런 눈물의 역사가 시편 84편에도 나온다.

주께 힘을 얻고 그 마음에 시온의 대로가 있는 자는 복이 있나이다 그들이 눈물 골짜기로 지나갈 때에 그곳에 많은 샘이 있을 것이며 이른 비가 복을 채워 주나이다 시 84:5-6

시편 84편은 그 구도가 순례자가 집을 나서기 전(1-4절)→시온으로 가는 길에서(5-8절)→예루살렘 성전에 들어서서(9-12절)로 짜여 있다. 주목할 것은, 시온으로 올라가는 길에 "눈물 골짜기"(에메크 합바카)로 표현되는 시련이 있다는 사실이다. 더 주목할 것은, 시온의 대로로 나아가는 자에게 우리 주 하나님은 그가 직면한 눈물 골짜기에 "많은 샘"과 "이른 비"로 상징되는 "복"(베라코트)을 채워 주신다는 사실이다. 여기서 "복"으로 번역된 글자는 히브리어 형용사 '라크'(연한)의 여성 복수형으로도 읽을 수 있다(참조 겔 17:22). 이런 제안을 따른다면 시편 84편 6b절은 '이른 비로 자라난 연한 가지가 메마른 계곡을 채울 것이다'라는 뜻이 된다.

그러나 시편 84편 6b절의 '베라코트'는 히브리어 '베라카'(복)의 여성 복수형 명사로도 새길 수 있다. 이 '베라코트'를 영어성경(NRSV, NKJV, NEB)은 '이른 비로 물웅덩이들(베레코트, pools)이 채워질 것이다'라고 읽었지만, 우리는 이 낱말을 그냥 글자 그대로 "복"(blessings)으로 새기려고 한다. 이 경우, "눈물 골짜기"(에메크 합바카)의 "눈물"(바카)은 하나님이 내리시는 "복"(베라카)과 언어유희를 펼친다.

히브리어 '바카'와 "베라카"를 소리 내어 읽어 보라. 이어지는 소리의 두운과 각운에 울림이 있지 않은가! 눈물의 반대말은 기쁨으로 그치지 않는다. 순례자에게, 시온으로 오르는 자에게, 성전에 올라 "내 하나님의 성전 문지기로 있는 것이 좋사오니"(시 84:10)라고 고백하는 자에게, 눈물의 반대말은 축복이 된다.

하나님의 눈물

구약의 눈물에는 하나님의 눈물도 있다. 하나님의 눈물은 하나님의 말씀과 함께 하나님의 뜻을 공표하는 수단이다. 하나님도 눈물을 흘리신다. 하나님의 눈에도 눈물이 괸다. 하나님도 소리 내어 우신다. 홀로 서러워서 우시거나 서글퍼서 눈물짓는 것이 아니다. 사람 탓에 우신다. 거짓된 것을 외치고 허황된 것에 마음을 빼앗긴 하나님의 사람들 탓에 하나님이 눈물을 흘리신다. 예레미야서는 하나님의 눈물을 저미는 마음으로 읽게 하는 본문이다.

그러므로 내가 보내지 아니하였어도 내 이름으로 예언하여 이르기를 칼과 기근이 이 땅에 이르지 아니하리라 하는 선지자들에 대하여 여호와께서 이와 같이 말씀하셨노라 그 선지자들은 칼과 기근에 멸망할 것이요 그들의 예언을 받은 백성은 기근과 칼로 말미암아 예루살렘 거리에 던짐을 당할 것인즉 그들을 장사할 자가 없을 것이요 그들의 아내와 아들과 딸이 그렇게 되리니 이는 내가 그들의 악을 그 위에 부음이니라 너는 이 말로 그들에게 이르라 내 눈이 밤낮으로 그치지 아니하고 눈물을 흘리리니 이는 처녀 딸 내 백성이 큰 파멸, 중한 상처로 말미암아 망함이라 렘 14:15-17

하나님의 눈물은 하나님의 마음을 깨닫게 하는 처방이다. 예레미야서는 하나님의 말씀 못지않게 하나님의 마음을 전해 주는 텍스트다. 말씀은 들어야 하고 눈물은 보아야 한다. 말씀에는 공감해야 하고 눈물에는 공명(共鳴)해야 한다. 하나님이 이렇게 속내를 털어놓으시지 않는가. "내 눈이 밤낮으로 그치지 아니하고 눈물(딤아)을 흘리리니"(렘 14:17).

예레미야의 시대는 남왕국 유다가 멸망의 길로 들어선 때다. 예루살렘 사람들이 사로잡혀 포로살이를 하게 된 때다. 남왕국 유다 땅이 온통 통곡의 늪에 빠져든 때다. 유다 백성들이 저지르는 배역과 패역과 허물과 죄를 하나님이 보시면서 칼과 기근과 전염병을 벼르시던 때다. 하나님이 연주하시는 심판의 전주곡을 들으면서 하나님의 뜻을 깨달아야 할 자들이 선지자랍시고 하나님의 이름으로 평안과 평강을 외치며 쏘다니던 때다.

그렇게 거짓된 자들이 설치던 시공간을 하나님이 안타깝게 쳐다보시던 때가 예레미야가 살던 시대였다. 그래서 하나님은 성(盛)하지 않고 쇠(衰)하고, 승(勝)하지 않고 패(敗)하며, 흥(興)하지 않고 망(亡)하는 길에 들어선 하나님의 백성을 보면서 울고 계신다. 하나님의 울음은, 신학적으로 말하면, 하나님의 파토스를 일깨워 주는 원천이다. 하나님의 눈물을 '신인동형론'(anthropomorphism)적인 표현으로만 간주해서는 안 된다.

하나님의 눈물은 인간사에, 세상사에, 하나님께서 격정적으로, 적극적으로 간섭하시고 개입하시는 주님이심을 드러내는 계시다. 예레미야서에서 쏟아지는 "애곡"(3:21), 탄식(4:19), "통곡"(6:26), 절규(7:29)는 예레미야의 울부짖음(8:18-9:1)을 듣게 하는 서곡이 되고, 예레미야의 입에서 나오는 애가는 하나님의 슬픔(9:10-11)을 듣게 하는 전주곡이 된다.

예레미야서에서 하나님은 하나님의 품에서 떠난 하나님의 백성들을 보시고 눈물짓고, 엉엉 울면서, 통곡하신다. 하나님의 레퀴엠(requiem)에는 하나님의 고통이 담겨 있다.

만군의 여호와께서 이와 같이 말씀하시되 너희는 잘 생각해 보고 곡하는 부녀를 불러오며 또 사람을 보내 지혜로운 부녀를 불러오되 그들로 빨리 와서 우리를 위하여 애곡하여 우리의 눈에서 눈물이 떨어지게 하며 우리 눈꺼풀에서 물이 쏟아지게 하라 렘 9:17-18

하나님이 뭐라고 지시하시는가? "곡하는"(코넨, 피엘 분사형) 자들을 불러와서 우리를 위하여 "애곡"(네히)하며 우리 눈에서 "눈물"(딤아)이 떨어지게 하고 우리 눈꺼풀에서 "물"(마임)이 쏟아지게 하라고 하신다. 하나님의 지시를 연주하는 곡은 장송곡(requiem)이다. 이 곡에 담긴 히브리어 가락(코넨→네히→딤아→마임)은 점층적이다. 처음에는 애절하게 시작한 가락이 점차 눈물짓게 하다가, 마침내 눈에서 흐르는 눈물이 물이 되어 터져 나오는 장엄한 분위기로 치닫는다.

예레미야서가 전하는 하나님의 눈물에는 하나님의 화(火)가, 하나님의 분(忿)이, 하나님의 노(怒)가 담겨 있다. 어떻게 하면 하나님의 눈에서 줄줄 흐르는 눈물을 그치게 할 수 있을까? 하나님의 사람들이 회개하면 된다. 하나님의 백성들이 회개하면서 어그러지고 비뚤어지고 훼손되었던 하나님과의 관계를 회복하고자 하나님 앞으로 나오면 된다. 하나님의 백성이 회개하며 흘리는 눈물이야말로 하나님의 눈물을 그치게 하는 지름길이다. 눈물의 양과 질이 슬픔에서 회개로 전환할 때 하나님의 눈물은 구원의 은총으로 변화한다.

하나님의 눈물은 "하나님이 이르시되"의 또 다른 표현이다. 말씀이 언어적인 표현이라면 눈물은 비언어적인, 초(超)언어적인, 그러나 아주 강력한 표현이다.[16] 구약에서 하나님의 눈물은 하나님의 말씀에 냉담(apathy)하던 자들을 하나님의 마음에 공감(empathy)하게 하고 하나님의 뜻을 통감하게(sympathy) 하는 초대장이 된다. 그 초대장을 받은 자는 누구나 눈물지으며 회개하고 하나님의 자녀가 되는 자리에 들어서야 한다. 그렇다. 하나님의 눈물은 하나님의 파토스를 일깨워 주는 성서적 언어다.[17]

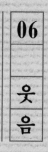

06

웃
음

감정이 아니라

하나님께 드리는 고백이다

웃음, 우스꽝스러움·비웃음·유머·해학·골계

웃음을 가리키는 우리말은 여럿이다. 우리말에서 '웃을 소 (笑)'가 들어가는 글자는 다 헤아리기가 쉽지 않다. 미소(微笑), 폭소(爆笑), 파안대소(破顏大笑), 고소(苦笑), 기소(欺笑), 조소(嘲笑), 홍소(哄笑), 비소(鼻笑), 실소(失笑) 등.[18] 웃음은 소리의 고저, 표정의 크고 작음, 감정의 높낮이에 따라서 '소리 없이 방긋 웃는 웃음'(미소), '갑자기 터져 나오는 웃음'(폭소), '한바탕 크게 웃음'(파안대소), '쓴웃음'(고소), '업신여겨 비웃음'(기소), '야유를 보내며 비웃음'(조소), '떠들썩한 웃음'(홍소), '코웃음'(비소), '어처구니가 없어 터져 나오는 웃음'(실소) 등으로 갈린다.

우리말에서 웃음은 웃는 모습에서도 여러 종류로 나뉜다. 깔깔거리는 웃음, 이죽거리는 웃음, 방실대는 웃음, 히죽히죽하는 웃음, 낄낄대는 웃음, 손뼉을 치며 웃는 웃음, 눈물을 흘리면서 웃는 웃음, 배꼽 빠지게 웃는 웃음, 허리가 꺾이도록 웃는 웃음, 대굴대굴 구르면서 웃는 웃음. 웃는 소리를 가지고도 우리말의 웃음은 하하, 호호, 히히, 흐흐 등으로 나뉜다. 거기에다가 우스꽝스러움, 유머(농담), 해학(諧謔, 익살스러운 풍자), 골계(滑稽, 익살)까지 더하면 우리 문화에서 웃음의 수는 이루 다 헤아릴 수 없다.

웃음의 속내는 단정 짓기가 쉽지 않다. 웃음의 현상과 원인은, 따지고 보면, 여럿이다. 웃음의 심리적 반응도 여러 갈래다. 웃는 방식이나 웃음의 감정을 헤아리는 견해도 개인, 문화, 인종 등에 따라서 차이가 난다. 《웃음의 미학》이라는 책은 웃음의 현상을 세 가지로 정리한다. "웃음의 현상에는 소리가 없는 미소에서부터 박장대소하는 홍소(哄笑)에 이르기까지 여러 단계가 있다. 웃음의 본질은 웃음의 감정이다. 웃음에는 비웃음도 내포되어 있다." [19)

동물 가운데는 사람만 웃을 수 있다. 웃음은 인간다움의 고유한 특성이다. 웃음은 의사소통의 수단이다. 말하자면 몸짓 언어다. 동서양의 구분을 넘어서, 시간과 공간의 한계를 넘어서, 문화적 차이 등을 넘어서 웃음은 아주 보편적이다. 예컨대 세상 어디에서도 어머니 품에 안긴 아기와 아기를 품은 어머니 사이에 주고받는 신호는 미소다. 웃음은 그만큼 사람살이에서 보편적이다.

이렇게 보편적인 웃음을 구약의 세계는 그리 긍정적으로 간주하지 않는다. 성경에서는 '웃음·웃다'에 해당하는 용어가 '슬퍼하다·슬프다' '눈물·눈물을 흘리다' '울다' '애가·애곡·애통·애통해하다' 등에 비해서 상대적으로 적다. 구약에 밝고 맑고 순수한 감정을 담은 웃음이 없지는 않지만(창 21:6; 욥 8:21; 시 126:2), 구약에서 웃음은 대체로 고소(苦笑, 쓴웃음), 실소(失笑, 어처구니없이 나오는 웃음), 기소(欺笑, 업신여겨 비웃음), 조소(嘲笑, 야유를 퍼붓는 비웃음), 비소(鼻笑, 코웃음)에 가깝다. 미소나 박장대소(拍掌大笑), 파안대소(破顔大笑)보다는 비웃음, 희롱, 조롱이 주류를 이룬다. 왜 그럴까? 하나님 경외의 표현은 몸짓이 아니라 마음의 무늬여야 한다고 보았기 때문일까? [20]

구약에서 '웃다'에 해당하는 히브리어는 크게 두 가지다. 히브리어 동사 '차하크'(צחק)와 '사하크'(שחק). 동사 '차하크'가 13회, '차하크'의 명사형(체호크)이 1회, 동사 '사하크'는 36회, '사하크'에서 파생한 명사 '웃음'(세호크 שחוק)은 15회 나온다. [21] '차하크'는 주로 창세기에서, '사하크'는 창세기 밖에서 주로 쓰인다.

'차하크'나 '사하크'나 그 쓰임새는 자못 부정적이다. '차하크'의 경우, 동사의 기본형(qal)은 보고 들은 이야기에 대한 의심쩍은 반응을 드러내고(창 17:17; 18:12, 15; 21:6), 강조형(피엘형)에서는 '농담하다'(창 19:14) '놀리다'(희롱하다, 창 21:9) '뛰놀다'(출 32:6)라는 뜻으로 쓰인다. 목적격 불변화사(에트)와 함께 나올 때는 '애무하다'(창 26:8, 개역개정에서는 '껴안다')가 되고, 전치사 '베'(~안에)와는 '희롱하다'라는 뜻으로(창 39:14, 17), 전치사 '리프네'(~앞에서)와는 '재주를 부리다'(삿 16:25b)라는 뜻으로 사용된다. 명사 '체호크'와 비슷한 '세호크'도 '웃을 소(笑)'보다는 '조롱거리'란 의미로 훨씬 더 많이 소개된다(렘 20:7; 48:26, 27, 39; 애 3:14).

욥이 고대하는 웃음, 욥이 기다려야 할 웃음

구약에서 '웃음'이나 '웃다'라는 용어가 등장하는 시공간은 그 분위기가 전반적으로 흐리다. 그 가운데서도 웃음을 두고 현자들끼리 벌이는 갈등은 예사롭지 않다. 욥기의 지혜가 여기에 속한다. 구약에서 지혜자의 글말이 펼쳐지는 환경은 일상이다. 일상을 무대로 전개되는 일생이 지혜로 채워지기를 바라는 염원이 지혜자의 글말에 오롯이 담겨 있다. '살아가기의 예술'(art of living)을 지혜의 본질로 삼았다는 것이다. 웃음거리나 조롱거리가 되는 인생이 아니라 비극(悲劇)으로 점철되는 삶의 자리가 희극(喜劇)으로 전환되는 소망을 거기에 아로새겨 놓았다. 그 단적인 경우가 욥에게 쏟아진 충고다.

청하건대 너는 옛 시대 사람에게 물으며 조상들이 터득한 일을 배울지어다⋯ 하나님은 순전한 사람을 버리지 아니하시고 악한 자를 붙들어 주지 아니하시므로 웃음을 네 입에, 즐거운 소리를 네 입술에 채우시리니 욥 8:8, 20-21

이 구절은 고난을 겪고 있는 욥을 위로하고자 찾아온 친구 빌닷의 입에서 나온 말이다. 빌닷은, 욥기에 등장하는 욥의 친구 소발이나 엘리바스와 마찬가지로, 전통적인 지혜를 대변한다. 지혜의 전통이란 잠언에 기반한 살아가기 방식이다. 그 프레임은 일종의 인과응보다. 욥이 하나님 신앙의 길을 순전하게, 굳건하게 붙든다면, 하나님이 욥의 입에 웃음을 채워 주신다는 다짐이다. '웃음'(세호크)이 '즐거운 소리'(테루아)와 같은 뜻으로 소개되었다. 웃음의 감정을 즐거운 소리로 풀이해 놓았다. '웃음'과 짝을 이루는 낱말로 '즐거운 소리'가 동원되었다. 웃음과 즐거운 소리의 화음은 잠언에서도 들린다.

> 웃을 때(비스호크)에도 마음에 슬픔이 있고 즐거움(심하)의 끝에도 근심이 있느니라 잠 14:13

잠언의 이 구절은 세상살이에는 슬픔과 근심이 있다는 현실을 지적한다. 그런데 이런 지적에서도 웃음(세호크)은 즐거움(심하)의 비슷한 말로 거론되고 있다. 웃음의 심연에는 즐거움이 있다는 것이다. 잊어서는 안 되는 사실이 전통 지혜가 웃음의 자리를 '하나님 앞에서'로 규정하고 있다는 것이다. 웃음의 본질이 하나님 앞에서 부르는 찬양에 있다는 것이다. 슬픔과 근심이 개인의 삶이 마주하는 형이하학(形而下學)이라면 웃음과 즐거움은 개인의 삶이 지향해야 할 형이상학(形而上學)이다. 시편 기자도 이렇게 읊은 적이 있다.

여호와께서 시온의 포로를 돌려보내실 때에 우리는 꿈꾸는 것 같았도다 그때에 우리 입에는 웃음이 가득하고 우리 혀에는 찬양이 찼었도다 그때에 뭇 나라 가운데에서 말하기를 여호와께서 그들을 위하여 큰일을 행하셨다 하였도다 여호와께서 우리를 위하여 큰일을 행하셨으니 우리는 기쁘도다 시 126:1-3

'웃음'(세호크)의 동의어는 소리 내어 외치는 '찬양'(린나)이다. 웃음의 내용은 하나님의 백성을 위하여 "하나님께서 큰일을 행하셨다"(히그딜 야훼)라는 사실이고, 웃음의 열매는 '우리는 기뻐하는 자들이 되었다'(하이누 세멕힘)라는 고백이다. 구약에서 웃음의 본질은 사람 마음의 감정이 아니라 하나님이 하나님의 사람에게 주시는 은총이다. 사람은 누구나 그런 은총으로 산다. '솔라 그라치아'(Sola Gratia), 바로 거기에 구약이 증언하는 웃음의 미학이 존재한다.

이런 맥락에서 욥의 귀에 들린 '하나님이 웃음을 네 입에, 즐거운 소리를 네 입술에 채우시리니'(욥 8:21)라는 소리를 되새겨 보아야 한다. 이 구절은 이렇게도 읽을 수 있다. '웃음이 네 입에 채워질 때까지(아드-예말레 세호크 피카), 네 입술로 찬양하라(우세파테이카 테루아).' 개역개정의 '즐거운 소리'(테루아)는 '큰 소리로 부르는 찬양'(rejoicing)이다. 찬양이 인생 고백의 마중물이 될 때 탄식이 변하여 웃음이 된다. 빌닷의 충고에 욥은 거세게 반

발한다(욥 9:1-10:22). 소발까지 가세하자(욥 11:1-20) 욥이 이렇게 반
박한다.

> 나도 너희같이 생각이 있어 너희만 못하지 아니하니 그 같은
> 일을 누가 알지 못하겠느냐 하나님께 불러 아뢰어 들으심을
> 입은 내가 이웃에게 웃음거리가 되었으니 의롭고 온전한 자가
> 조롱거리가 되었구나 욥 12:3-4

욥은 빌닷이 하나님이 채워 주신다고 다짐한 '웃음'(세호크,
laughter)을 '웃음거리·조롱거리'(세호크, laughingstock)라는 말로 되
받았다. 우리말 성경의 '웃음거리·조롱거리'는 히브리어 성
경에서는 그냥 '세호크'(웃음)다. 우리말 번역은 히브리어 '세호
크'를 문맥에 맞춰 '웃음'과 '웃음거리'로 구분했다. 욥은 자신
의 처지가 '기쁠 희(喜)'의 자리에서 '슬플 비(悲)'의 현장으로 뒤
바뀌었다고 보았다. 그렇지만 웃음을 웃음거리로 대하는 욥
의 반발·반박은 웃음에 대한 해학(諧謔)으로 읽을 수 있다. 웃
음을 웃음거리로 풍자해서 대응하기 때문이다. 그렇다면 물
어보자. 어떻게 하면 '슬플 비(悲)'의 무대가 '기쁠 희(喜)'의 무
대로 다시 역전될 수 있을까?

빌닷의 입에서 오르내리는 '세호크'는 하나님 앞에서의
'세호크'다. 욥의 입에서 쏟아지는 '세호크'는 사람들 앞에서

의 '세호크'다. 욥의 대꾸는, 겉으로 보기에는 반(反)지혜적이다. 그러나 거기에는 웃음을 깔깔, 킥킥, 방긋방긋, 히죽히죽 같은 의성어나 의태어로 설명해서는 안 된다는 성찰이 담겨 있다. 구약에서 웃음은 사람의 감정이나 사람의 표정이 아니다. 구약에서 웃음은 하나님께 드리는 고백이다. 하늘을 향해서 한 점 부끄러움이 없는 삶이기에 기쁨(喜)과 즐거움(嬉)과 복(禧)이 있다. 웃음이 세 개의 '희'(喜,嬉,禧)를 드러내는 표정이 되려면, 사람은 먼저 하나님 앞에 곧게·굳게·굵게 서 있어야 한다.

욥기에서 웃음은, 빌닷의 말이나 욥의 말이나, 웃음의 사람이 되라는 주문이 아니다. 울음에서 웃음으로 나아가는 삶의 변혁은 하나님이 하신다는 고백이다. 그 고백에서만 웃음은 삶의 부조리를 극복한 표정이 된다. 욥이 그런 표정을 지으려고 한다. 욥은 웃음거리를 웃음으로 바꾸시는 하나님의 크신 은총을 기다리고 있다. 다만, 욥기 12장에서는 아직 이르다. 그러기 위해서는 욥기 38장이 펼쳐질 때까지 조금 더 기다려야 한다.

아브라함이 드러낸 웃음, 사라가 감춘 웃음

웃음은 얼굴로 드러나는 표정이지만, 그 실상은 복잡하다. '어떻게 웃는가'보다 '왜 웃는가'를 알아야 웃음은 소통이 이루어지는 몸짓이 된다. '왜 웃는가'를 알 때 웃음은 재미, 해학, 풍자로 그치지 않는다. 아브라함의 경우가 바로 그렇다.

내가 그에게 복을 주어 그가 네게 아들을 낳아 주게 하며 내가 그에게 복을 주어 그를 여러 민족의 어머니가 되게 하리니 민족의 여러 왕이 그에게서 나리라 아브라함이 엎드려 웃으며 마음속으로 이르되 백 세 된 사람이 어찌 자식을 낳을까 사라는 구십 세니 어찌 출산하리요 하고 창 17:16-17

하나님이 아브람과 사래의 위상을 아브라함과 사라로 바꿔 주실 때(창 17:4-7, 15-16) 하신 말씀이다. 고고(孤高)하게 사는 인생(아브람, 사래)에서 더불어 살아가는 인생(아브라함, 사라)으로 그들의 인생 여정을 새롭게 하실 때 하나님이 아브라함에게 약속하셨다. '내가 사라에게 복을 주어 사라가 네게 아들을 낳아주어 여러 민족의 어머니가 되게 하리라.' 하나님의 이 계획에 아브라함이 토(吐)를 달았다. '백 세 된 사람이 어찌 자식을 낳을까, 사라는 구십 세니 어찌 출산할 수 있을까.'

하나님이 하신 말씀에 대한 아브라함의 반응은 그냥 댓글이 아니다. 그것은 아브라함이 자기 속마음을 말글로 토해 낸 순간이다. 자기를 위한 하나님의 계획을 듣는 순간 아브라함은 엎드려 웃으며 마음속으로 '그럴 리가 없다'라고 중얼거린 것이다. 이 반응을 히브리어 본문은 이렇게 증언한다. (아브라함이) '그의 얼굴을 땅에 대었다'('엎드렸다', 봐이폴 아브라함 알-파나브) '그리고 웃었다'(봐이이츠학) '그리고 혼잣말로 중얼거렸다'('마음속으로 이르되,' 봐이요메르 벨립보).

아브라함은 하나님의 말씀에 몸으로는 엎드렸지만, 마음속으로는 웃으며 혼잣말로 하나님께 대들었다. '이미 백 세, 구십 세가 되어 버린 사람들에게 어떻게 자식이 생길 수가 있는가.' 아브라함이 드러낸 웃음에는 하나님이 하시려는 일에 대한 사람의 판단이 담겨 있다. 백 세, 구십 세가 된 사람으로서는 하나님의 계획을 수행할 처지가 못 된다는 자조 섞인 판단이 그 웃음에 담겨 있다. 하나님의 계획에 웃음으로 반응하기는 사라도 마찬가지다.

사라가 속으로 웃고 이르되 내가 노쇠하였고 내 주인도 늙었으니 내게 무슨 즐거움이 있으리요 여호와께서 아브라함에게 이르시되 사라가 왜 웃으며 이르기를 내가 늙었거늘 어떻게 아들을 낳으리요 하느냐… 사라가 두려워서 부인하여 이르되

내가 웃지 아니하였나이다 이르시되 아니라 네가 웃었느니라

창 18:12-13, 15

사라도 아브라함처럼 사람의 처지가 이미 노쇠하였는데 어떻게 아들을 낳을 수 있겠느냐고 마음속으로 따졌다. 다만, 아브라함의 경우는 아브라함의 혼잣말이 아브라함의 속내로 이내 이어졌고(창 17:18), 그 아브라함의 속내에 하나님께서 이내 말씀을 이어 가셨지만(창 17:19-21), 사라의 경우에는 하나님과 사라가 웃음을 놓고 한바탕 실랑이를 벌인다. 하나님의 말씀에 사라가 속으로 웃자(봣티츠하크 사라 베키르바), 하나님이 곧장 물으셨다. '사라가 왜 웃느냐'(람마 쩨 차아카 사라). 사라가 '내가 웃지 않았다'(로 차하크티)라고 시치미 떼자, 하나님이 재차 지적하신다. '아니다, 네가 웃었다'(로 키 차하케트).

사라가 하나님 앞에서 웃었다는 사실을 어떻게 헤아려야 할까? 하나님이 하시려는 놀라운 일을 사라가 듣고는 아브라함처럼 사람의 노쇠한 처지를 먼저 따져 보았다. 사라의 웃음도 긍정적인 몸짓이 아니었다는 뜻이다. 사라가 얼굴로는 웃었는지 모르지만, 사라의 마음은 닫혀 있었다. 그래서 그것은 '웃었다'가 아니라 '실소(失笑)를 자아냈다'라거나 '코웃음(鼻笑)쳤다'라거나 냉소(冷笑)를 머금었다고 읽어야 한다. 하나님의 말씀을 듣고 사라도 아브라함과 마찬가지로 어처구니없다는

듯이 웃음을 터뜨렸다는 것이다.

웃음은 마음의 표정이다. 마음은 웃음을 담는 그릇이다. 웃음과 마음은 서로 통한다. 마음이 열리면 입이 열려 웃음이 되고, 웃음이 열리면 마음도 열리지만, 마음이 닫히면 웃음도 닫힌다. 아브라함과 사라가 하나님이 하신 말씀을 듣고서 '웃었다'라고만 읽으면, 아브라함과 사라는 하나님이 하실 일에 적극 화답한 주인공이 된다.

그러나 실상은 다르다. 아브라함과 사라의 마음이 열리지 않았다. 하나님의 일을 사람의 일로 계산한 탓이다. 하나님이 하실 은총의 역사(役事)를 사람의 몸으로 이뤄 내는 역사(歷史)로만 판단한 까닭이다. 하나님이 이루실 놀라운 일의 역사(役使, 도구)가 되도록 부름을 받았다는 사실을 외면했기 때문이다. 하나님의 뜻을 모르는 순간 사람의 웃음은 조소(嘲笑, 비웃음)가 된다. 하나님의 뜻을 헤아리는 자들에게 인생은 희극이지만, 하나님의 손짓을 외면하는 자들에게 인생은 비극으로 그친다.

웃음은 사람의 속내를 파악하는 중요한 단서다. 아브라함이 입을 열어 웃지 못하고 비웃었다는 것은, 사라가 마음을 열어 웃지 못하고 쓴웃음을 지었다는 것은, 아브라함과 사라가 얼굴을 열어 웃지 못하고 코웃음을 쳤다는 것은, 아브라함과 사라의 내면이 참으로 어두웠다는 단서가 된다. 아들을 낳게 해주시겠다는 하나님의 약속을 듣고 기다린 세월이 25년이지 않은가(창 12:4; 17:17). 웃음은 단순히 입을 여는 몸짓이 아니다. 마음이 열리면 웃음이 되고 웃음이 열리면 얼굴이 열린다. 마음을 꽁꽁 닫아 놓은 채 웃음을, 얼굴을, 인생의 창문을 환하게 열 수는 없다. 그렇게 닫혀 있던 사라의 마음을 마침내 하나님이 여셨다. 하나님이 사라의 마음을 여시는 순간, 사라는 비로소 하나님의 사람이 되었다. 사라(여자)가 사람(어머니)이 되는 순간을 창세기는 이렇게 증언한다.

> 사라가 임신하고 하나님이 말씀하신 시기가 되어 노년의 아브라함에게 아들을 낳으니… 사라가 이르되 하나님이 나를 웃게 하시니 듣는 자가 다 나와 함께 웃으리로다 창 21:2, 6

하나님이 사라에게 웃음을 안겨 주셨다. 이때 사라의 웃음은 표정 웃음이나 입 웃음이 아니라 소리 웃음이다. 얼굴로 방긋 웃는 표정이나 입가에 흐르는 미소가 아니라 소리 내어 크게 웃어 젖히는 파안대소(破顏大笑)다. 여기서 사라의 웃음은 찬양의 마당이 된다. 히브리어로 웃음(세호크)의 동의어가 찬양(린난)임을 상기하자(시 126:2a). 사라는 자유의 몸이 되었다. 온갖 근심과 눌림과 서러움에서 벗어나는 인생이 되었다. 그것을 알리는 신호가 웃음이다. 참된 웃음에서 사람은 비로소 사람다움의 위상을 회복할 수 있다.

하나님이 터뜨린 웃음

웃음에는 비웃음이 있다. 비웃음에 대한 설명은 여러 가지가 있다. 다른 사람의 불행을 보고 기뻐하는 마음에서 유래한 표정이기도 하고, 우스꽝스러운 것을 마주하는 태도이기도 하며, 자신보다 약하고 모자라고 부족하다고 여겨지는 자에 대해서 느끼는 기쁨 즉 '잔혹한 웃음'일 수도 있다.[22] 비웃음은 웃고 있는 사람이 느끼는 감정이라기보다는 '웃음거리가 된 사람이 느끼는 잔혹성'을 뜻한다. 즉 '웃고 있는 동안 웃는 사람은 웃음거리가 된 사람을 하나의 대상물로 생각하고 있다.'[23] 이런 비웃음에 걸맞은 웃음의 현상이 구약에도 나온다. 바로, 하나님의 웃음이다.

세상의 군왕들이 나서며 관원들이 서로 꾀하여 여호와와 그의 기름 부음 받은 자를 대적하며 우리가 그들의 맨 것을 끊고 그의 결박을 벗어 버리자 하는도다 하늘에 계신 이가 웃으심이여 주께서 그들을 비웃으시리로다 시 2:2-4

시편 2편은 1편과 함께 시편 전체의 머리말로 읽힌다. 시편의 표제(다윗의 시)가 시편 1, 2편에는 없다. 시편의 표제는 시편 3편부터 시작한다. 시편 1편의 머리말이 "복 있는 사람"이고 시편 2편의 끝맺음이 "복이 있도다"라는 점도 시편 1-2편의 짜임새를 인클루지오(inclusio, 首尾相關構造)로 여기게 한다. 시편의 들머리는 의인의 길을 걷는 자와 하나님께 피하는 자가 복이 있음을 이런 식으로 일깨워 준다. 그러면서도 "오직 여호와의 율법을 즐거워하여 그의 율법을 주야로 묵상하는"(시 1:2) 자들과 "여호와와 그의 기름 부음 받은 자를 대적하며 우리가 그들의 맨 것을 끊고 그의 결박을 벗어 버리자"(시 2:2-3)고 소리치는 자들이 대조를 이룬다. 하나님이 인정하시는 "의인들의 길"(시 1:6)을 걷는 자들이 있고, 걷다가 "길에서 망하는"(시 2:12) 악한 자들이 있다.

시편 1편은 의인 됨의 기준을 개인적·개별적인 차원에서 설명하지만, 시편 2편은 악한 자의 표상을 집단에서 찾는다. 시편 2편은 그 흐름이 하나님께 대적하는 군왕들(1-3절)→세상 군왕들을 꾸짖으시는 하나님(4-6절)→하나님이 시온에 세우시는 왕(7-9절)→세상의 군왕들에 대한 경고(10-12절)로 이어진다.

그런 흐름에서 주목할 만한 장면이 '하늘에 계신 하나님이 웃으신다'(요세브 밧샴마임 이스하크), '주 하나님이 세상의 군왕들을 비웃으신다'(아도나이 일아그-라모)라는 대목이다(시 2:4). 세상의 군왕들이 분노하며 일어나 헛된 일을 꾸미다가 하나님이 세우신 "기름 부음 받은 자"를 대적하려고 하기 때문이다. 그래서 하나님은 "분을 발하며 진노하시면서" 그들을 "놀라게 하신다"(5절, 두려워하게 하신다, 히브리어 '바할,' 피엘 미완료형). 하나님의 웃음이 비웃음으로, 비웃음이 진노로, 진노하심이 놀라게 하심으로 뻗어 나가고 있다.

하나님의 웃음은 높은 하늘에서 아래 땅을 내려다보면서 사람의 어리석음을 보고 꾸짖는 경고다. 사람들의 웃음에는 사회성이 있지만, 하나님의 '웃으신다·비웃으신다'에서 웃음에는 초월성이 있다.

악인이 의인 치기를 꾀하고 그를 향하여 그의 이를 가는도다
그러나 주께서 그를 비웃으시리니 그의 날이 다가옴을 보심이
로다 시 37:12-13

여호와여 주께서 그들을 비웃으시며 모든 나라들을 조롱하시
리이다 시 59:8

웃음에는 사람과 사람 사이의 소통을 원활하게 하는 사회성만 있지 않다. 구약에서 하나님의 웃음은 세상살이를 판단하시는 하나님의 마음을 감지하게 하는 신학의 창(窓)이다. 웃음의 미학이 아니라 웃음의 신학이 소중하다. 오늘도 우리 주하나님은 사람들이 궁리하고 도모하고 연출하는 어리석은 짓들을 내려다보시면서 웃고·비웃고 계신다. 이 경우, 구약에서

하나님의 웃음은 익살스러움을 자아내는 코믹(comic)이나 기발한 발상으로 사람들의 허를 찌르는 위트(wit)나 다 함께 웃도록 공감을 불러일으키는 유머(humor)와는 아무 상관이 없다. 구약에서 하나님의 웃음·비웃음은 꾸짖음과 심판의 경고다. 귀 있는 자는 이런 하나님의 웃음소리를 들어야 한다!

07

부
모

구약에는 '부모'라는

글자가 없다

구약에는 '아버지와 어머니'로 표기되어 있다

구약에는, 정확히 말해 히브리어 구약에는, '부모'라는 글자가 나오지 않는다. '부모'의 존재가 거론되지 않는 것은 아니지만, 구약의 말씀을 히브리어로 읽을 때 부모를 일컫는 낱말이 별도로 나오지는 않는다. 부모를 경시하거나 무시한다는 뜻이 아니다. '부모'라는 글자가 철자법상 나오지 않는다는 것뿐이다.

구약에서 "네 부모를 공경하라"(출 20:12; 신 5:16)는 십계명 조항은 우리 귀에 친숙하다. 그러나 이 구절도 히브리어로는 그냥 '네 아버지(아비카)와 네 어머니(임메카)를 공경하라'이다. 우리말 '아버지'가 히브리어로는 '아브', 우리말 '어머니'가 히브리어로는 '엠'이지만, 히브리어 구약에서 '아브'는 그냥 부모(아버지와 어머니)를 지칭하기도 한다(잠 28:7; 29:3). '아브'의 복수형이 '아보트'로 사용될 때도 있다. 가령 "아비(새번역에서는 '어버이')는 자식의 영화라"(잠 17:6)라는 구절이다. 하지만 히브리어 '아브'의 복수형(아보트)이 부모를 일컫는다고 단정해서는 안 된다. '아브'의 복수형은 주로 조상을 일컫는 말로 사용되기 때문이다.

우리말 성경에서는 '부모'로 표현된 구절들이 히브리어 구약에서는 '아버지와 어머니'로 표기되어 있다는 사실을 어떻게 새겨야 할까? 히브리어 구약에서 '아버지'와 '어머니'로 병기된 구절들은 어법상 일종의 병행구(parallelism)다(창 2:24; 28:7; 신 21:13; 삿 14:2ff; 삼상 22:3; 삼하 19:37; 룻 2:11; 에 2:7). 구약의 잠언에 그런 문법적 표기가 고스란히 반영되어 있다(잠 1:8; 4:3; 6:20; 19:26; 23:22; 30:11, 17). 한 가정을 세워 가는 주체로서 아버지(아브)와 어머니(엠)를 각각 거론한다. 히브리어 구약에는 아버지, 어머니가 가정·가족·가문을 형성하는 주체라는 메시지가 담겨 있다. 히브리어 구약에서는 아버지의 존재가 어머니보다 먼저 거론된다. 한 가정의 으뜸을 아버지로, 그 버금을 어머니로 규정하려는 가부장 질서가 반영되어 있다.[24]

히브리어 구약이 아버지와 어머니로 표기해 놓은 본문을 우리말 성경이 다 '부모'로 옮겨 놓았다는 사실을 어떻게 수렴해야 할까? "번역은 반역이다"라는 지적을 새삼 확인하는 예로 삼아야 할까? 한 글자로 된 '부모'와 두 글자인 '아버지와 어머니'는 어감에서 서로 다르다. '부모'(父母)라는 글자에도 아버지(父)의 존재와 어머니(母)의 존재가 각인되어 있기는 하다. 하지만 우리말 '부모'에는 '둘이지만 하나다'라는 진실이 더 짙게 새겨져 있다. '부모'라는 표기를 '아버지와 어머니'로 각각 호칭하는 히브리어 구약의 경우 '하나이지만 둘이다'라는 사실이 더 크게 두드러진다. 우리말 '부모'에는 사실보다 더 큰 진실이 담겨 있다. '하나(부모)는 둘(아버지와 어머니)의 합보다 크다'는 것이다.

"이러므로 남자가 부모를 떠나"

히브리어 구약에서 아버지와 어머니에 관한 언급이 맨 처음 나오는 구절은 창세기 에덴동산 기사다(창 2:24). 그런데 매무새가 우호적이지 않다. '떠나야만' 할 대상으로 부모를 콕 집어서 거론하고 있기 때문이다.

창세기 에덴동산 기사(2:4-3:24)의 들머리는 사람을 지으시는 하나님에 관한 이야기다. 하나님은 "땅의 흙으로 사람을 지으시고 생기를 그 코에 불어넣으신" 뒤 "동방의 에덴에 동산을 창설하시고" 하나님이 지으신 사람을 그 에덴동산에 두셨다(2:7-8). 에덴동산만 마련하신 것이 아니다. 나무와 숲과 강이라는 생태 환경도 만드신 뒤 에덴동산을 돌보고 지키는 책임을 하나님이 지으신 사람에게 맡기셨다(2:15). 그러면서 그 사람을 위하여 "돕는 배필"을 지어 주시고자 했다(2:18, 20b). 창세기 에덴동산 이야기는 이 대목에서 분위기 전환을 맞는다.

"사람"(2:7, 8, 15, 16, 18)으로 불리던 자가 "아담"(2:19[x2], 20, 21, 22[x2], 23a)으로 불리고, "아담"으로 불리던 자가 "남자"(2:23b, 24a)라고 불리면서, 이야기의 소재는 '여자와 남자(남편)' 이야기로 바뀐다. 이때 창세기 본문은 "남자에게서 취하였은즉 여자라 부르리라"(2:23b)는 해설과 함께 '남자가 그 부모를 떠나 그의 아내와 합한다'라는 선언으로 이야기의 막을 내린다.

이러므로 남자가 부모를 떠나 히브리어로는 '그의 아버지와 그의 어머니를 떠나' 그의 아내와 합하여 둘이 한 몸을 이룰지로다 창 2:24

창세기 2장 24절에는 세 개의 동작이 나온다. '(남자가 그의 부모를) 떠난다'→'(그의 아내와) 합한다'→'(둘이 한 몸을) 이룬다.' 아담의 호칭이 남자(이쉬)로 불리는 대목에서, 아담을 돕는 배필(하와)이 여자(잇샤)로 일컬어지는 대목에서, 부모라는 존재가 부상하고 있다. 창세기 2장 24절이 전하는 세 동작에서 맨 먼저 거론되는 것은 '남자가 그의 아버지와 그의 어머니를 떠나는' 동작이다. 떠나야 합할 수 있고, 떠나야만 한 몸을 이룰 수 있다. 하나님이 지으신 순서는 아담이 먼저고 하와가 나중이다. 그러나 언어적으로는 '이쉬'(남자)는 '잇샤'(여자)로 향하게끔 조율되어(?) 있다. 그래서였을까? 남자가 여자로 향하기 위해서는, 남자는 먼저 그의 아버지와 그의 어머니를 떠나야만 한다.

창세기 2장 24절은 가정의 기원(起源)을 밝히는 말씀이다. 우리의 관심사는 에덴동산 기사에 수록된 사람·아담 이야기가 '남자와 여자 이야기'(2:23)로 바뀌는 순간 '남자가 부모를 떠난다'라는 선언이 울려 퍼지고 있다는 사실이다. 부모란 '떠나야 할(아쩌브)' 둥지라는 것이다. 누가 어디를 떠나야 하는가?

에덴동산은 원래 하나님이 사람(아담)을 위해서 만드신 보금자리였다. 아담이 떠나야만 했던 자리는 에덴동산이었다.

아담이 하와와 한 몸을 이루면서 아담의 보금자리가 하와와 꾸민 가정으로 옮겨 갔다. 가정(家庭)의 '정'자가 '뜰 정(庭)' 자라는 것은 예사롭지 않다. 가정의 '뜰'(庭)은 에덴동산을 닮았다.

문제는 창세기의 에덴동산 이야기가 "여자"(창 3:1, 2, 4, 6, 13, 15, 16)와 그 "남편"(창 3:6)을 글말의 주체로 내세우면서 아담의 가정을 자못 부정적으로 대한다는 데 있다. 가정이 하나님의 뜻을 지키는 품이 되지 못했을 때 겪게 되는 시련을 이야기의 소재로 채우게 된다. "아담과 그의 아내"(창 3:8, 12, 17, 21)가, 아니 "아담과 하와"(창 3:20)가, 아니 에덴동산 안에서 살던 자들이, 에덴동산 밖으로 쫓겨나게 되면서 창세기 에덴동산 이야기는 막을 내린다. 그런 점에서 '(남자가 부모를) 떠난다'는 구절에는 엄중한 경고가 담겨 있다고도 볼 수 있다.

창세기 2장 24절에 거론된 '떠나다'는 글자는 시편 22편 1절에 따르면 '버리다'다. "내 하나님이여 내 하나님이여 어찌 나를 버리셨나이까"에서 '버리셨다'라는 히브리어가 바로 '떠나다'에 상응하는 낱말이다. 시편의 기도에서 '버리다'로 옮겨진 글자가 창세기 2장 24절에서는 '떠나다'로 되어 있다. 창세기 에덴동산 이야기에 따르면 사람(아담)이 사람(남자)으로 살기 위해서는 떠나야 할 곳이 있다. 히브리어 '아짜브'에는 단절의 의미가 숨어 있다. 남자가 여자를 그의 아내로 만나서 둘이 한 몸을 이루기 위해서는 먼저 그의 부모를 떠나야만 한다는 것이다. 아니, 그의 부모를 '버려야만'(?) 한다는 것이다.

이 같은 창세기의 증언을 어떻게 새길 수 있을까? 남자가 여자의 돕는 배필이 되고, 여자가 남자의 돕는 배필이 될 때, 남자의 부모는 더는 그 사람의 보금자리가 되지 못한다는 소리로 새겨야 할까? 그 질문에 관한 해답을 일일이 다 헤아리기는 쉽지 않다. 다만 기억할 것은, 자식에게 부모는 출가(出家)해야만 할 보금자리라는 사실이다. 단, 가출(家出)이 아니라 출가(出家)다.

'이삭이 그의 아내를 인도하여 그의 어머니 장막으로 들이고'

구약에는 드물게 어머니를 향한 아들의 마음을 짐작하게 하는 이야기가 있다. 사라를 향한 이삭의 마음가짐, 몸가짐이 바로 그런 경우다.

이삭이 리브가를 인도하여 그의 어머니 사라의 장막으로 들이고 그를 맞이하여 아내로 삼고 사랑하였으니 이삭이 그의 어머니를 장례한 후에 위로를 얻었더라 창 24:67

창세기 24장 67절은 이삭이 리브가를 아내로 맞이하는 긴 이야기의 맺음말이다. 창세기 24장 1-66절의 소재는 이삭을 위한 리브가를 찾는 과정이고, 그 과정의 끝머리가 창세기 24장 67절이다. 창세기 24장 67절의 소재는 이삭과 그의 어머니 사라다. 이 점은 그 앞에 길게 소개된 이삭의 아내 리브가와 대조를 이룬다.

두 대목 다 이삭을 위한 이야기이지만, 첫 대목(창 24:1-66)에서는 리브가가 길게 소개되고 두 번째 대목(창 24:67)에서는 사라가 짧지만 굵게 거론된다. 그러면서도 그 앞에 서술된 긴 이야기보다 훨씬 더 깊은 인상을 남긴다. 왜 그런가? 이삭이 그의 아내 리브가를 그의 어머니 사라의 장막에 들어서게 했기 때문이다.

왜 이삭은 아내로 맞이한 리브가를 그의 어머니 사라의 장막에 들였는가? 창세기 24장 67절에서 이삭이 그의 어머니를 장례한 후에 "위로를 얻었다"라는 구절은 무슨 뜻인가? 리브가는 이삭이 사십 세가 되었을 때 아내로 맞이한 여자다(창 25:20). 이삭은 그의 어머니 사라가 구십 세였을 때 낳은 아들이다(창 17:17). 이삭은 그의 아버지 아브라함과 그의 어머니 사라가 "나이가 많아 늙었고" 사라에게는 "여성의 생리가 끊어졌을 때" 태어난 아들이다(창 18:11).

여성의 생리가 끊어졌다는 것은, 말하자면, 석녀(石女)였다는 소리다. 사라는 결단코 아기를 낳지 못하는 여자였다. 그랬기에 아브라함을 찾아온 하나님께서 "내년 이맘때 네 아내 사라에게 아들이 있으리라"(창 18:10)라고 아브라함에게 약속하셨을 때 그 소리를 장막 뒤에서 듣던 사라가 웃으면서 이렇게 중얼거렸다. "내가 노쇠하였고 내 주인도 늙었으니 내게 무슨 즐거움이 있으리요"(창 18:12). 이삭은 사람의 처지로는 도저히 태어날 수 없는 존재였던 것이다.

사라에게 이삭의 탄생은 '전능하신 하나님'을 경험한 사건이었다(창 18:14). 사람의 길(路)이 끝나는 자리에서 하나님의 길(道)이 열린다는 진리를 체험한 순간이었다. 하나님이 '사라에게 내년 이맘때 아들이 있으리라'(창 18:14b)고 말씀하셨을 때 사라에게 자식이 없었던 것은 아니다. 아브라함이 당대의 풍속에 따라서 사라의 여종 하갈의 몸에서 이스마엘이라는 아들을 얻었기 때문이다(창 16:1-4, 15).

그때 아브라함의 나이가 팔십육 세, 사라의 나이는 칠십육 세였다(창 16:16). 하나님이 사라를 찾아가셔서 일 년 후에 아들을 낳게 되리라고 다짐하셨을 때가 사라의 나이 구십 세였던 것을 고려한다면, 사라는 적어도 14년간 이스마엘을 양자로 삼은 자신의 처지를 곱씹고 있어야 했다.

그런 사라에게 아들이 태어났다는 것은 말 그대로 하나님이 '사라를 웃게 하신'(창 21:6) 사건이었다. 오죽했으면 아브라함이 사라가 자기에게 낳은 아들의 이름을 "이삭"(창 21:3)이라고 불렀겠는가? "이삭"이란 히브리어로 '이츠학' 곧 '그가 웃게 하신다'는 뜻이다.

사라에게 이삭은 특별한 아들이었다. 지금까지 당해 온 수모를 일순간에 씻겨 낸 순간이 이삭이 태어난 때였다. 그랬기에 사라는 "사라가 자식들을 젖먹이겠다고 누가 아브라함에게 말하였으리요마는 아브라함의 노경에 내가 아들을 낳았도다"(창 21:7)라고 크게 외쳤다. 이삭을 품에 안아 기르게 된 그 기세로 사라는 양자 이스마엘을 광야로 모질게 쫓아 버렸다(창 21:8-14). 더는 이스마엘이 사라 앞에서 노니는 모습을 지켜볼 수가 없었던 것이다.

그런 사라의 굳센 모정을 아브라함이 알고 있었기 때문일까? 이삭을 번제물로 드리고자 아브라함이 모리아산으로 가야 했던 이야기(창 22장)에서 사라는 전혀 거론되지 않는다. 아브라함은 이삭을 그토록 끔찍하게 아끼는 사라와는 아무런 상의도 없이 이삭을 모리아산으로 데리고 갔다!

사라가 누린 햇수는 백이십칠 년이다(창 23:1). 이삭을 가슴에 품고 살았던 세월이 삼십칠 년은 족히 되었을 것이라는 소리다. 이삭은 자라서 서른일곱 살 청년이 될 때까지 어머니 슬하를 자기 삶의 둥지로 여기고 있었다. 이삭이 장가들었을 때가 사십 세였다면, 이삭은 그의 어머니가 세상을 떠나고 난 뒤 적어도 삼 년간 어머니를 잃은 아픔을 부둥켜안고 지냈다는 뜻이 된다. 그래서였을 것이다. 아브라함은 사라의 장례를 치르자마자 서둘러 이삭을 위한 아내를 맞이하는 절차에 들어갔다(창 24:1-9). "내 아들 이삭을 위하여 아내"를 택해야겠다고 서둘렀다는 것이다(창 24:3, 4, 7).

창세기 24장 67절은 이런 맥락에서 새겨야 한다. 이삭이 아내를 맞이하면서 맨 처음 한 행동은 리브가를 사라의 장막에 들이는 것이었다. '들이다'(히브리어 동사 '보'의 히필형, 들어서게 하다)는 '떠나다'의 반대말이다. '떠나다'가 단절이라면, '들이다'는 연결을 시사한다. 이삭은 리브가가 사라의 장막의 주인이 되는 자리에 들어서게 한 뒤에야 리브가와 합하여 한 몸을 이루었다.

아담과 하와 이야기에서는 남자가 그 부모를 떠나야 그의
아내와 합할 수가 있다고 했는데, 이삭 이야기에서는 남자가
그의 어머니 자리로 그의 아내를 들어서게 한 뒤에야 그의 아
내와 합할 수 있다고 말한다. 어머니 자리는 채워야 할 둥지라
는 것이다.

"요셉이 이르되 내 아버지께서 아직 살아 계시니이까"

구약에는 아버지를 찾는 아들의 목소리가 있다. 야곱의 아들 요셉이 그 당사자다. 요셉은 야곱의 아들 가운데 하나였지 한 부족을 계승할 맏아들이 아니었다. 창세기 37-50장은 그런 요셉이 한 부족을 대표하는 자리에 오르게 되는 과정을 펼친다. 요셉이 애굽으로 팔려 가게 되는 사건을 기점으로 창세기 이야기는 요셉이 므낫세와 에브라임의 어버이가 되는 장면을 향해 뻗어 간다. 그 므낫세와 에브라임이 이스라엘의 열두 지파를 형성하는 근간이 되고, 훗날 에브라임 지파가 유다 지파와 쌍벽을 이루어 이스라엘의 중심이 된다. 이로써 창세기 37-50장의 요셉 이야기는 창세기 12-36장의 족장 이야기와 그 위상에서 걸맞게 된다. 요셉 이야기의 클라이맥스에서 애타게 아버지를 찾는 아들 이야기가 나온다.

> 요셉이 큰 소리로 우니 애굽 사람에게 들리며 바로의 궁중에 들리더라 요셉이 그 형들에게 이르되 나는 요셉이라 내 아버지께서 아직 살아 계시니이까 형들이 그 앞에서 놀라서 대답하지 못하더라 창 45:2-3

요셉은 형들 손에 팔린 사람이다. 요셉의 형들은 요셉을 팔아 버린 자들이다. 세월이 흘러 팔린 자와 팔아 버린 자의 처지가 바뀌었다. 팔아 버린 자들은 양식을 구하고자 애굽으로 내려왔다가 애굽 궁중에서 머리를 조아리는 신세가 되었고, 팔린 요셉은 애굽 궁중의 총리가 되어 자기 앞에 머리를 조아리고 있는 형들을 바라보는 자리에 올랐다. 그런데 요셉이 왜 울었는가? 형들의 마음이 바뀐 것을 알아챘기 때문이다 (창 44:14-34). 더는 자기 이익을 취하고자 동생을 다른 사람의 손에 넘기는 짓을 하지 않겠다는 형들의 다짐이 요셉의 마음을 울렸다.

마침내 요셉이 자기 정체를 드러내면서 그동안 가슴에 꼭꼭 숨겨 놓았던 질문을 형들에게 던진다. "나는 요셉이라 내 아버지께서 아직 살아 계시니이까"(하오드 아비 하이, 창 45:3). 요셉이 그의 아버지가 여전히 '살아 계신'(하이)지를 묻는다. 그의 아버지가 '아직도'(오드) '평안하신지'(하이)를 묻는다. '여전히'(오드) '목숨'(하이임)이 '생생한'(하야) 분이 "내 아버지"(아비)이신지를 묻는다.

이전에 요셉은 자기 아버지 야곱을 두고 "너희 아버지"(아비켐, 창 43:7, 27; 44:17)라고 부른 적이 있다. 요셉이 요셉의 형들에게 베냐민을 데리고 애굽으로 내려와야만 한다고 우겼던 문제로 한바탕 소동이 일어났을 때였다.

요셉이 집으로 오매 그들이 집으로 들어가서 예물을 그에게
드리고 땅에 엎드려 절하니 요셉이 그들의 안부를 물으며 이
르되 너희 아버지 너희가 말하던 그 노인이 안녕하시냐 아직
도 생존해 계시느냐 창 43:26-27

그렇게 요셉의 입에서 "너희 아버지"라고 부르던 야곱이
마침내 요셉의 입에서 "나의 아버지"라고 불리게 된다. 지금
요셉의 최대 관심은 그 "내 아버지"(아비)가 여전히 "안녕(평안, 샬
롬)하신지" 아직도 '살아 계신지'(하이)에 있다. 요셉은 어머니
없이 자랐다. 요셉의 어머니 라헬은 베냐민을 낳다가 산고로
숨을 거두었다(창 35:16-18). 그런 요셉의 처지를 야곱이 오래도
록 가슴에 품고 있었다. 그래서 요셉을 오래도록 편애했다.

야곱의 가족사에서 요셉은 라헬의 아들이다(창 30:22-24). 야
곱이 그의 네 아내와의 사이에서 얻은 열두 아들 중 라헬이 낳
은 요셉과 베냐민은 열한 번째, 열두 번째 아들이다. 야곱은
네 아내 가운데서 라헬을 끔찍이도 사랑했다. 그런 라헬이 산
고로 죽자 야곱의 애잔한 마음이 요셉에게 쏠린 것은 당연했
다. 그 야곱의 마음을 창세기는 이렇게 전한다. "이스라엘은
늘그막에 요셉을 얻었으므로, 다른 아들들보다 요셉을 더 사
랑하여서, 그에게 화려한 옷을 지어서 입혔다"(창 37:3, 새번역).

아버지는 아들의 바탕이다. 다석 유영모는 아버지를 닮는

아들의 바탕을 우리말 모음 '아야어여오요우유으이'를 빌려서 이렇게 말했다. "'아야(애야) 어여(어서) 오요(오너라) 우유(위로)' 하면 아이가 나중에는 알았다고 '으이'(으아) 한다."[25] 우리말 모음 '아야 어여 오요 우유'를 '아가야 어서 오너라, 위(하나님 아버지께)로' 풀면서 아이(사람)는 아버지가 부르는 소리에 '으아'(으이) 하면서 따른다는 것이다. 다석 유영모에 따르면, '아버지'는 'ㅇㅂ디'에서 온 말이다. 이때 'ㅇ'(애)는 느낌씨로 근원을 깨달은 것에 대한 기쁨을 나타내고, 'ㅂ'(밝음)는 근원이 밝게 드러난다는 뜻이며, '디'(디디다)는 근원에 굳게 디디는 것을 뜻한다.[26] 아버지는 삶의 근원이고, '하나님 ㅇㅂ디'는 삶의 뿌리다.[27] 요셉이 그토록 애타게 자기 아버지의 살아 계심을 물은 이유가 여기에 있다.

"어머니의 백성이 나의 백성이 되고
어머니의 하나님이 나의 하나님이 되시리니"

구약의 룻기는 시어머니를 향한 며느리의 고백을 전하는 이야기다. 이스라엘 신앙의 풍토에서는 아주 드물게(?) 구약의 룻기는 시부모(媤父母)에게서 새로 얻은 터전을 닦은 주인공으로 며느리 룻을 과감하게(!) 소개한다. 룻은 모압 여자다. 유다 사람 나오미가 그 남편과 유다 땅 베들레헴에서 모압 지방으로 이주하여 삶의 터전을 닦고자 했을 때 며느리로 맞은 여자다(룻 1:4a).

룻이 나오미의 며느리가 되었을 때는 시아버지가 모압 땅에서 죽고 난 뒤였고, 룻이 나오미 가정의 식구가 된 지 10년 가량 되었을 즈음에는 룻의 남편마저도 세상을 떠났기에(룻 1:4b), 모압 여자 룻은 유다 여자 나오미와 맺은 인연을 쉽사리 저버릴 수 있었다. 룻에게는 남편과의 사이에서 얻은 자식도 없었으며, 룻의 동서도 나오미 품을 떠나 그의 백성으로 돌아가 버린 전례도 있다(룻 1:15). 룻기의 도전이 여기에 있다. '너도 네 동서처럼 너의 고장으로 돌아가라'는 나오미의 성화에도, 룻이 나오미와 함께 유다 땅 베들레헴으로 오는 길에 들어서고자 했기 때문이다.

룻이 이르되 내게 어머니를 떠나며 어머니를 따르지 말고 돌아가라 강권하지 마옵소서 어머니께서 가시는 곳에 나도 가고 어머니께서 머무시는 곳에서 나도 머물겠나이다 어머니의 백성이 나의 백성이 되고 어머니의 하나님이 나의 하나님이 되시리니 어머니께서 죽으시는 곳에서 나도 죽어 거기 묻힐 것이라 만일 내가 죽는 일 외에 어머니를 떠나면 여호와께서 내게 벌을 내리시고 더 내리시기를 원하나이다 하는지라

룻 1:16-17

룻이 나오미를 누구라고 부르는가? 어머니라고 부른다! 히브리어 구약과 우리말 구약은 여기서도 서로 엇박자를 낸다. 우리말 구약과는 달리 히브리어 구약에 담긴 룻의 말은 '어머니'가 아니라 그냥 '당신'이다. 그것도 여성 단수 2인칭 대명사가 아니라 그냥 동사의 여성형이거나 2인칭 여성 어미가 붙은 글자다. 그런 히브리어 구약의 표기를 우리말 구약이 '어머니'라고 옮기면서 나오미를 향한 룻의 마음에 공감을 불러일으킨다.

중요한 것은 룻기가 전하려는 나오미를 향한 룻의 심정이다. 룻과 나오미가 주고받는 대화 속에는 부모 공경의 속내가 담겨 있다. 나오미를 향한 룻의 고백의 무대는 모압에서 베들레헴으로 가는 길이다. 약속의 땅 밖에 살던 자가 약속의 땅

안으로 들어서는 장면이다. 룻기는 이방인 여성을 위한 개종 규정이 없던 이스라엘 사회를 향한 도전이다. 혈연적, 인종적, 남성 중심적 공동체인 유다 사회의 울타리를 허물고 있다.

룻이 나오미에게 뭐라고 외치는가? 그 어머니가 가시는 곳에 자기도 가고, 그 어머니가 사시는 곳에서 자기도 살며, 그 어머니의 백성이 자기의 백성이 되고, 그 어머니의 하나님이 자기의 하나님이 되신다고 고백한다. 룻과 나오미는 핏줄로 맺어진 어머니와 딸 사이가 아니다. 혼인으로 이어진 시어머니와 며느리 사이일 뿐이다. 그 인연의 끈이 사라진 자리에서도 모압 여자 룻은 유다 여자 나오미를 향해서 효(孝)가 무엇인지를 온 누리에 외친다.

'어머니께서 죽으시는 곳에서 자기도 죽을 것이다'라고 외치지 않는가. '자기가 죽는 일 외에는 어머니를 결코 떠나지 않을 것이다'라고 외치지 않는가. '만일 그 마음이 변한다면 여호와가 자기에게 벌을 내리실 것이다'라고 외치지 않는가. 삶과 죽음을 함께 나누겠다는 다짐이다. 어머니의 삶에 버팀목이 되고, 어머니의 생존에 초석이 되겠다는 다짐이다. 여기에 룻의 이야기가 선포하는 효의 뜻이 있다. 효는 살핌이고, 배려이고, 헌신이다. 아니, 하나님과 사람을 이어 주는 언약이다(참조 출 20:12. 레 19:3. 신 5:16; 잠 23:25; 겔 22:7).

태의 열매이자

대를 이어 가는 대들보

있다, 잇다, 익다

구약에서 자녀는 창조주 하나님의 뜻을 구현하는 삶의 열매다. 사람살이에서는 부모가 있기에 자녀가 있고 자녀가 있기에 부모가 있다. 하지만 창조 신앙의 얼개에서 자녀는 창조 질서의 구현이다. 창조주 하나님이 사람을 하나님의 형상대로 지으신 뒤 남자와 여자에게 거신 기대가 자녀 생산(?)이다.

> 하나님이 자기 형상 곧 하나님의 형상대로 사람을 창조하시되 남자와 여자를 창조하시고 하나님이 그들에게 복을 주시며 하나님이 그들에게 이르시되 생육하고 번성하여 땅에 충만하라, 땅을 정복하라, 바다의 물고기와 하늘의 새와 땅에 움직이는 모든 생물을 다스리라 하시니라 창 1:27-28

하나님은 사람(하아담)을 남자(자카르)와 여자(네케바)로 창조하셨다. 사람살이의 본디는 사람이 남성(자카르, male)과 여성(네케바, female)으로 창조된 하나님의 작품임을 아는 데서 출발한다. '하아담'(사람) 속에 자웅(雌雄)이 함께 있는 것이 아니다. 하나님은 '남성으로서의 사람'과 '여성으로서의 사람'이 서로 별개의 존재로 살아가도록 지으셨다. 창조주 하나님이 사람을 남자와 여자로 창조하시고 맨 먼저 하신 일정은 "그들에게 복을 주시는" 일이었다. "생육하고 번성하여 땅에 충만하라"고 하셨다. 생육과 번성, 충만의 첫걸음이 자녀의 탄생이다.

창세기의 증언은 사람 됨의 기원을 생물학적으로 단정해서는 안 된다는 깨달음의 좌표다. 남성과 여성 두 몸의 어울림으로 자녀가 태어나는 것이 아니라, 남자와 여자로 창조된 사람에게 주신 하나님의 은총이 출산의 감격을 낳는다. 자녀의 '있음'은 창조주 하나님의 뜻을 '잇는' 기쁨이고, 하나님의 사람답게 '익어 가는' 즐거움이다.

구약의 자녀를 '있음, 이음, 익음'으로 보려는 까닭이 여기에 있다. 구약에서 자녀는 '있음'의 의미를 되새기게 한다. '잇기'의 감격을 나누게 한다. 사람이 하나님의 작품으로 '익어감'을 누리게 한다. 자녀를 성(性, sex)의 열매로 보아서는 안 된다. 성은 사람 몸의 향락을 위한 도구가 아니다. 하나님이 주신 성을 몸을 위한 도구로 전락시킬 때 사람은 타락과 부패의 길에 들어선다.

구약의 창조 신앙이 출산으로 맞이하는 자녀를 무조건 기쁨과 감격의 대상으로 간주하는 것은 아니다. 임신에는 고통이 있고, 출산에는 수고로움이 있다.

또 여자에게 이르시되 내가 네게 임신하는 고통을 크게 더하리니 네가 수고하고 자식을 낳을 것이며 너는 남편을 원하고 창조 신앙은 여자가 아내(잇샤)로, 남자가 남편(이쉬)으로 불리는 자리에서 임신과 출산이 고통이 되고 수고가 되는 역설을 증언한다. 창세기의 에덴동산 이야기에서 보듯이 출산의 감격을 기쁨에서 아픔으로 갈무리하게 된 것은 사람이 하나님의 뜻을 지키는 삶을 이루지 못했기 때문이다(창 3:14-19).

몇 해 전 '잊다, 잇다, 있다'라는 전시회가 있었다. '하인두·하태임 부녀전'이었는데, 돌아가신 '아빠'(하인두)의 작품에 '딸'(하태임)이 자기 그림으로 화답하는 미술전이었다. 두 작가의 세계는 확연하게 달랐다. 장르도 다르고, 화풍도 다르고, 색감도 다르고. 그런데도 '딸'은 이렇게 말했다. "아빠는 광대한 우주를, 나는 우주를 내다보는 창문을 그린다." '잊다, 잇다, 있다'라는 세 동음이의어로 아빠의 과거(잊다)와 딸의 현재(잇다)가 아빠와 딸의 미래(있다)가 된다고 말하고 있었다. 자녀에게 부모는 잊힐 수 있어도, 부모에게 자녀는 잊히는 대상이 아니다. 사람은 자녀가 '있음'으로 대(代)가 '이어지고' 창조의 질서 안에서 '익어' 간다.

낳고, 되고, 살고

자녀는 부모의 모습을 지니고 태어난다. 구약의 말로는, 자녀는 부모의 '형상'을 지니고 태어난다. 부모가 지어 준 이름을 가지고 세상을 살아간다. 세월이 흐르면서 자녀는 부모를 닮아 간다. 자식을 '낳는' 자는 부모이지만, 자식은 부모의 사람이 '되어' 가족을 채우는 주인공으로 '살아간다'. '낳고, 되고, 살고'의 보금자리에 자녀가 있다.

구약은 "네 부모를 공경하라"(출 20:12a)라는 계명으로 부모가 있기에 자녀가 존재한다는 사실을 일깨운다. 그렇지만 구약에서 자녀 이야기는 태(胎)가 대(代)가 되는 이야기다. 아담의 생애는 하와의 태(胎)가 아담의 대(代)로 이어지면서 완성된다.

> 아담은 백삼십 세에 자기의 모양 곧 자기의 형상과 같은 아들을 낳아 이름을 셋이라 하였고 아담은 셋을 낳은 후 팔백 년을 지내며 자녀들을 낳았으며 그는 구백삼십 세를 살고 죽었더라
> 창 5:3-5

아담의 생애는 아들(셋)이 태어나기 전과 아들(셋)이 태어난 후로 구분된다. 아담의 일생 구백삼십 년 중 백삼십 년은 아들(셋)이 없던 때이고, 팔백 년은 아들(셋)을 낳은 후 보낸 세월이

다. 자식 없이 보내야 했던 백삼십 년 세월과 자식과 함께 보
낸 팔백 년 세월을 비교해 보라. 어느 쪽이 아담의 생애를 보
람되게 했을까? 창세기 족보에서 생애의 '길고 짧음'을 구분
하는 기준은 자녀의 '있고 없음'이다. 구약에서 자녀는 어버이
의 후손으로 그치지 않고 어버이 생애의 명암을 판가름하는
기준이 된다.

　구약에서 태(胎)가 대(代)가 되는 이야기의 전형은 아브라함
(창 11:27-25:10), 이삭(창 25:19-35:29), 야곱(창 25:19-49:33)의 족보다. 이
삭의 경우, 태어남(창 21:2-3)에서 아내를 맞이하는 이야기(창 24:1-
67)까지가 다 아브라함 이야기 속에 있지만, 또한 야곱의 이
야기도 그 인생의 희로애락이 요셉 이야기까지 뻗쳐 있지만
(창 49:33), 아브라함, 이삭, 야곱의 이야기는 모두 그 얼개가 '태
어나서 살다가 죽었다'라는 족보다. 사람 이야기만 그런 것은
아니다. 창조주 하나님이 하늘과 땅을 창조하신 이야기도 족
보 형식이다. "이것이 천지가 창조될 때에 하늘과 땅의 내력이
니"(창 2:4a)에서 "하늘과 땅의 내력(톨레도트)이니"란 문자적으로
는 '하늘과 땅의 족보다'가 된다. 하늘과 땅의 기원은 하나님
께 있다. 하늘과 땅의 '있게 됨'마저도 생명의 탄생에 견주어
서 판단하라는 주문이다.

　구약에서 자녀는 자손→후손→가문으로 이어지는 족보
이야기의 마중물이다. 그렇기에 창세기의 아브라함 이야기가

그 첫 대목에서부터 아브람을 '자녀 없음'의 인물로 소개하는
것은 예사롭지 않다.

> 데라의 족보는 이러하니라 데라는 아브람과 나홀과 하란을
> 낳고 하란은 롯을 낳았으며 하란은 그 아비 데라보다 먼저 고
> 향 갈대아인의 우르에서 죽었더라 아브람과 나홀이 장가들
> 었으니 아브람의 아내의 이름은 사래며 나홀의 아내의 이름
> 은 밀가니 하란의 딸이요 하란은 밀가의 아버지이며 또 이스
> 가의 아버지더라 사래는 임신하지 못하므로 자식이 없었더라
> 창 11:27-30

이 글의 형식은 '데라의 족보(톨레도트)'이지만, 그 내용은 아
브라함·아브람 이야기다. 이 이야기의 방점은 데라의 세 아들
아브람과 나홀과 하란 중에서 하란이 먼저(?) 자식(롯)을 낳은
뒤 아버지 데라보다 앞서 죽었다는 사실에 찍힌다. 하란이 죽
자 데라가 서둘러(!) 아브람과 나홀을 장가들게 하였지만, 문
제는 아브람의 아내 사래가 임신하지 못한 데서 발생한다.
　창세기의 족보에서 사람살이의 됨됨이는 자녀의 '있고 없
음'으로 판명된다. 사람살이의 매무새나 매무시가 '아버지
됨'의 현실로 판단된다. 그런 점에서 아브람은 사람살이의 됨
됨이에서 자격 미달이다. "사래가 임신하지 못하므로 자식이

없었더라" 하지 않는가. '임신하지 못한다'(아카라, barren)란, 심하게 말하면, 석녀(石女)라는 뜻이다. 창세기의 족보에서 형식적 주어는 남자(아버지)이지만, 의미상 주어는 여자(어머니)다. '아버지가 되지 못한 아브람'이 '아버지가 되는 아브라함'으로 변신(?)하는 이야기의 속내에는 '자식을 낳지 못한' 사래가 '자식을 낳는' 사라로 변모하는 이야기가 있다. 구약에서 자녀는 태(胎)의 열매이자 대(代)를 이어 가는 대들보다.

없다, 얻다, 웃다

구약에서 자녀는 어머니의 기(氣)를 세우는 주춧돌이다. 어머니의 태에서 난 아들의 '없고 있음'에 따라서 구약의 어머니는 울기도 하고 웃기도 한다. 아브라함의 아내 사라 이야기가 바로 그런 경우다.

창세기가 사라·사래를 소개한 첫 장면은 그가 임신하지 못하는 여자라는 것이다. 사라·사래는 아브라함·아브람의 나이 칠십오 세(창 12:4)에 그의 아내가 되어 하나님의 말씀을 따라 길을 나선 남편의 도우(道友)로서 그 길을 걸었다. 그런데 그 남편 아브람·아브라함이 백 세가 될 때까지 이십오 년간 사라·사래에게는 늘 이런 설명이 따라다녔다.

사래는 임신하지 못하므로 자식이 없었더라… 아브람의 아내 사래는 출산하지 못하였고 창 11:30; 16:1a

사래가 처음 소개될 때는 그 본래 이름이었지만, 나중에 소개될 때는 "아브람의 아내 사래"다. 구약에서 누군가의 아내가 되었다는 설명은 창조주 하나님이 정하신 생육하고 번성하는 질서의 궤도 속에 들어섰다는 뜻이다. 창조 신앙에서 사람살이의 둥지는 "남자가 부모를 떠나 그의 아내와 합하여 둘이 한 몸을 이룰지로다"(창 2:24)라는 하나님의 말씀에 있다. 하나님이 사람을 창조하실 때 남자와 여자를 창조하시면서 "생육하고 번성하여 땅에 충만하라"라고 말씀하셨음을 기억하자(창 1:28). 창세기에 소개된 "아브람의 아내 사래"란 어구에는 사람의 말로는 다 해소할 수 없는 답답함이 있다.

오늘날의 시각에서 결혼한 부부에게 자녀가 없다는 현실은 여러 가지 관점에서 되새길 수 있다. 자녀 없음의 책임을 어찌 여자(아내)에게만 물을 수 있는가? 그런데도 창세기 이야기에서 '사래가 아브람의 아내가 되었다'라는 현실은 사래에게는 자녀를 출산해야 한다는 의무감(?)으로 작용하였음을 잊어서는 안 된다. 자녀 없음의 현실이 그 부모에게는, 특히 그 여자(아내)에게는, 그가 창조 질서의 은총에서 소외되었음을 자각하게 하는 아픔이었다.

사래·사라가 이십오 년 동안 겪어야 했던 자녀(아들) '없음'의 아픔은 자식을 '얻고자' 하는 인간적인 노력으로 이어졌다(창 16:2). 하지만 그 없음의 아픔은 하나님이 사래·사라를 방문하신 뒤에야 사라진다(창 18:1-15).

하나님이 찾아오셔서 아브라함에게 하신 약속 "내년 이맘때 내가 반드시 네게로 돌아오리니 네 아내 사라에게 아들이 있으리라"(창 18:10a)라는 말씀은, 사라의 일생을 아픔에서 기쁨으로, 서러움에서 감격으로, '없음'에서 '있음으로' 넘어가게 하는 획기적인 전기가 된다. 하지만 그때도 사라는 하나님의 역사(役事)를 사람의 방식으로만 파악했다. 생명의 탄생을 생리적인 현상으로만 셈했다. 자녀를 낳지 못한 몸의 현실을 사람살이의 굴레로만 헤아리고 있었다.

> 아브라함과 사라는 나이가 많아 늙었고 사라에게는 여성의 생리가 끊어졌는지라 사라가 속으로 웃고 이르되 내가 노쇠하였고 내 주인도 늙었으니 내게 무슨 즐거움이 있으리요
> 창 18:11-12

사라는 자녀의 탄생을 남성과 여성의 생리적 결합의 열매로만 보고 있다. 구약에서 자녀는 하나님의 선물이지 남편과 아내가 한 몸을 이룬 결과로 나타나는 열매가 아니다. 그런데도 사라는 여성의 처지와 남성의 처지를 다르게 설명한다. '나는 노쇠하였지만 내 남편은 늙었다.' '노쇠하였다'(발라)와 '늙었다'(자켄)는 다르다. 노쇠한 자는 자식을 낳을 수 없지만, 늙은 자라고 해서 자식을 낳을 수 없는 것은 아니다. 그랬던 사라를 크게 '웃게' 하신 하나님의 역사가 바로 사라의 아들 이삭의 탄생이다.

사라가 임신하고 하나님이 말씀하신 시기가 되어 노년의 아브

라함에게 아들을 낳으니… 사라가 이르되 하나님이 나를 웃게 하시니 듣는 자가 다 나와 함께 웃으리로다 창 21:2, 6

사라가 무엇이라고 외치는가? '하나님이 나를 웃게 하신다!' 자식의 탄생으로 사라는 웃고, 떠들고, 즐거워하는 인생이 된다. 자녀 '있음'의 현실은 '웃음'을 태동하는 보금자리다. 이와 비슷한 이야기가 구약에 또 있다. 룻의 시어머니 나오미가 그런 경우다. 룻의 시어머니 나오미는 룻이 보아스와의 사이에서 낳은 아들의 양육자가 되었다.

나오미가 아기를 받아 품에 품고 그의 양육자가 되니 그의 이웃 여인들이 그에게 이름을 지어 주되 나오미에게 아들이 태어났다 하여 그의 이름을 오벳이라 하였는데 그는 다윗의 아버지인 이새의 아버지였더라 룻 4:16-17

구약에서 자식을 잃은 여자가 뒤늦게 한 아이의 '양육자'(어머니)가 되는 이야기는 드물다. 룻기의 주제나 소재가 돋보이는 것은 그 이야기의 기승전결을 여성이 맡고 있다는 점이다. 룻기에서는 남자의 목소리가 아닌 여자의 목소리가 두드러진다. 남편의 목소리가 아닌 아내의 목소리가 이야기의 시종을 이끈다. 룻기의 마지막 다윗의 계보를 소개하는 족보 문장이다(룻 4:18-22). 이 족보는 다윗의 조부(오벳)가 역사의 무대에 등장하는 과정을 설명한다. 그 글말의 분위기를 며느리가 시어머니에게 낳아 준 아들 이야기로 채워 놓았다. 그 이야기의 정점에 "나오미가 아기를 받아 품에 품고 그의 양육자가 되었다"가 있다(룻 4:16). 나오미의 이웃들이 아기 이름을 지어 주면서 "나오미에게 아들이 태어났다" 하지 않는가. 구약에서 족보는 하나님의 사람들이 펼쳐 가는 삶과 사역과 사명의 얼개다. 구약에서 자녀는 여자에게 웃음과 기쁨의 원동력이다. 그래서 하는 말이다. "보라 자식들은 여호와의 기업이요 태의 열매는 그의 상급이로다"(시 127:3).

아픔, 앓음, 앎

구약의 창조 신앙은 자녀를 창조 질서의 열매로 고백한다. 이 고백을 하나님의 구속사는 하나님의 언약 안에서 살아가는 징표로 바꾸어 놓는다. 그 징표가 남자의 경우 태어난 지 팔 일 만에 받는 할례다(창 17:10-12). 구약에서 할례는 언약의 표징이자 창조의 질서 안에서 살아가는 하나님의 자녀임을 드러내는 다짐이다.

문제는 구약의 시대가 가부장제였다는 데 있다. 하나님의 백성 이스라엘이 살아가던 사회는 가부장 제도가 사회생활의 기초로 작용하던 곳이다. 그래서 구약에서 자녀는 '아픔'과 '앓음'의 소재가 된다. 구약의 신앙이 옛 가부장 제도와 맞물리는 자리에서 자녀는 부모의 아픔이 되기도 했고 온 가정이 앓아야 하는 문제의 씨앗이 되기도 했다. 신명기 규정이 바로 그런 경우를 다룬다.

어떤 사람이 두 아내를 두었는데 하나는 사랑을 받고 하나는 미움을 받다가 그 사랑을 받는 자와 미움을 받는 자가 둘 다 아들을 낳았다 하자 그 미움을 받는 자의 아들이 장자이면 자기의 소유를 그의 아들들에게 기업으로 나누는 날에 그 사랑을 받는 자의 아들을 장자로 삼아 참 장자 곧 미움을 받는 자의 아들

보다 앞세우지 말고 반드시 그 미움을 받는 자의 아들을 장자
로 인정하여 자기의 소유에서 그에게는 두 몫을 줄 것이니 그는
자기의 기력의 시작이라 장자의 권리가 그에게 있음이니라

신 21:15-17

가부장제 사회를 살아가던 옛 이스라엘이 겪어야 했던 문
제는 무엇일까? 신명기 21장 15-17절의 규정은 그런 문제 중
하나를 아버지에게서 찾았다. 맏아들의 상속권 문제다. 편애
란 이름으로 빚어지는 빗나간 정이 아픔과 앓음의 근원이었
다. 에서·야곱의 경우나(창 27:27-29), 야곱의 열한 아들이 요셉
을 향해 벌인 소동이나(창 37:5-11), 따지고 보면 다 아버지(남자)의
빗나간 사랑이, 어긋난 정이, 일으킨 문제였다.

창세기의 족장 이야기에서는 늘 아우가 형을 제치고 상속
권을 이어 간다. 언제나 형보다 아우가 더 높임을 받는다. 맏
아들의 권리를 놓고 에서와 야곱이 벌인 다툼이 어떤 결과로
이어졌는가? 야곱의 열두 아들이 서로 대립하고 다투어야 했
던 싸움의 원인이 무엇인가? 신명기 21장 15-17절은 구약의
족장 시대가 낳은 이런 갈등과 아픔에 대한 처방으로 새길 수
있다. 만약 어떤 집안에 사랑받지 못하는 아내에게서 아들이
먼저 태어났다면, 그 아들의 권리를 사랑받는 아내가 뒤에 낳
은 자식보다 앞서게 하라는 처방이다.

신명기에 수록된 모세의 설교는 그 청중이 가나안 땅에 들어가 살고자 하는 이스라엘이다. 그 이스라엘이 가나안 땅에 들어가 살림살이를 전개할 때 한 집안 형제들끼리 서로 맏아들의 권리를 놓고 벌이는 다툼이 일어나지 않게 하라는 것이다. 가나안 땅이라는 새 환경에서는 한 집안에서 벌어지는 쓸데없는 칼부림이 있어서는 안 된다는 것이다. 신명기의 이 처방이 '살인하지 말라'(신 5:17)는 계명을 적용하는 가르침(신 19:1-22:8) 안에 수록되어 있다는 사실을 잊어서는 안 된다. 이스라엘은 그 가정에서도, 그 부모와 자식 사이에서도 정(情)보다 정의(正義)가 앞서야 한다. 하나님도 정(情)보다 의(正義)를 지키셨다는 '앎'이 구약의 가정을 '아픔'과 '앓음'에서 벗어나게 한다.

닮음, 다름, 다움

자식은 부모를 닮았다. 그렇지만 자식은 부모와 다르다. '닮음'이 '다름'으로 엇박자를 낸다면, 어떻게 대처해야 할까? 문제는 자식에게도 있다. 아버지의 편애를 나무라는 규정에 이어서 소개된 다음 신명기 규정이 바로 그런 문제를 소개한다.

사람에게 완악하고 패역한 아들이 있어 그의 아버지의 말이나 그 어머니의 말을 순종하지 아니하고 부모가 징계하여도 순종하지 아니하거든 그의 부모가 그를 끌고 성문에 이르러 그 성읍 장로들에게 나아가서 그 성읍 장로들에게 말하기를 우리의 이 자식은 완악하고 패역하여 우리 말을 듣지 아니하고 방탕하며 술에 잠긴 자라 하면 그 성읍의 모든 사람들이 그를 돌로 쳐 죽일지니 이같이 네가 너희 중에서 악을 제하라 그리하면 온 이스라엘이 듣고 두려워하리라 신 21:18-21

어떤 부모에게 "완악하고 패역한" 아들이 있다면 어떻게 해야 할까? '길들지 않은 암소처럼'(호 4:16) 다루기 힘든 아들이 그 아버지와 어머니에게 대든다면 어떻게 해야 할까?(참조 시 78:8).

한 지붕 두 세대 간에 벌어지는 문제는 언제, 어디서나 있다. 배움이 다르고, 생각이 다르고, 경험이 다르고, 비전이 다른 두 세대가 가정이라는 한 울타리 안에서 공존하기란 쉬운 일이 아니다. 따지고 보면, 부모와 자식은 각각 서로 다른 세대를 살아가는 주체다. 같은 시공간에서 같이 숨 쉬며 살아간다고 해도, 부모는 자녀와 다르고, 자녀도 부모와 다르다. 부모와 자식은, 엄밀히 말해, 서로 다른 세대다. 서로 다른 언어를 사용하고, 서로 다른 관점을 품고 있는 두 세대가 어떻게 하면 서로 소통하며 어울릴 수 있을까?

패역하고 완악한 자녀를 "돌로 쳐 죽이는" 엄벌로 다스리라는 신명기 규정이 과연 얼마나 보편타당한 가치로 적용되었을까? 신명기 질문에 대한 해답은 신약 복음서의 한 비유(눅 15:11-32)에 가서야 찾을 수 있다. 분명한 것은, 옛 이스라엘은 그 사회 안에 있는 악을 제거하는 방식으로 사회 구성원의 하나 됨을 지키고자 했다는 사실이다.

사실, 구약에는 패역한 아들을 엄히 다스리지 못했기에 벌어진 불상사가 여러 번 소개된다. 아버지의 여자(빌하)를 범한 르우벤(창 35:22)이나 아버지의 왕좌를 탐내다가 반역을 일으킨 압살롬(삼하 15-18장)이 바로 그런 경우다. 여기에 신명기 규정에 대한 이의제기가 펼쳐진다. 패역하고 완악한 자식을 신명기 21장 21절의 규정대로 엄히 다스렸다고 해서 부모의 마음이

165

편해졌을까? 압살롬의 반란을 처리하기 위해 전쟁터에 나서
는 부하 장수에게 다윗이 무엇을 당부했던가?

왕이 요압과 아비새와 잇대에게 명령하여 이르되 나를 위하
여 젊은 압살롬을 너그러이 대우하라 하니 왕이 압살롬을 위
하여 모든 군지휘관에게 명령할 때에 백성들이 다 들으니라
삼하 18:5

다윗의 입에서 터져 나온 말, "나를 위하여 젊은 압살롬을
너그러이 대우하라"에는 패역할 아들을 품으려는 아버지의
마음이 오롯이 담겨 있다. 다윗은 단순히 내 자식을 죽이지 말
고 살려 두라고 낭부하지 않았다. 압살롬이 전쟁터에서 처형
되었다는 소식을 들었을 때 다윗의 반응이 무엇이었는가?

왕의 마음이 심히 아파 문 위층으로 올라가서 우니라 그가 올
라갈 때에 말하기를 내 아들 압살롬아 내 아들 내 아들 압살롬
아 차라리 내가 너를 대신하여 죽었더면, 압살롬 내 아들아 내
아들아 하였더라 삼하 18:33

아버지 다윗은 아들 압살롬이 입힌 인생의 상처를 아버
지'다움'으로 품고 있다. 기억하자. 구약은 부모에게 말없이

순종한 아들에 관하여 힘주어 이야기하면서도(창 22:9), 부모에게 패역한 짓을 하는 자녀들이 있었다는 현실을 외면하지 않는다(출 21:15; 레 20:9, 11; 신 27:16, 20). 무슨 뜻일까? 구약의 자녀가 주는 가슴앓이에는 이런 삶의 지혜가 진하게 담겨 있다. '아이들을 보면 나무라지 마라. 그것이 네가 걸어온 길이다. 노인들을 보면 무시하지 마라. 그것이 네가 걸어갈 길이다.'

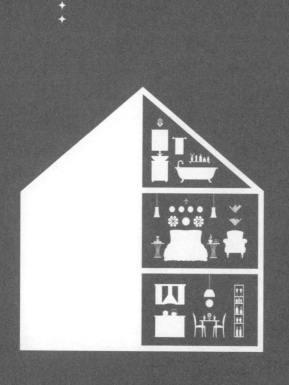

3부

구약의 언어를
삶의 이정표로 삼기

09

빛과 어둠

어떤 어둠도

하나님의 임재를 침범하지 못한다

"빛이 있으라 하시니 빛이 있었고"

구약성서에서 빛은 어둠과 함께 거론된다. 어둠의 반대가 빛이고, 빛의 반대가 어둠이지만, 구약의 말씀에서는 빛과 어둠이 하나의 짝으로 거론된다. 동전의 양면처럼, 빛과 어둠은 서로 짝을 이루어 소개된다. 그런 이야기의 시작이 창세기의 창조 신앙이고, 그런 이야기의 대미가 예언자들이 쏟아내는 종말론 신앙이다. 창조에서 종말에 이르는 하나님의 시간 안에서 출애굽을 들머리로 한 하나님의 구속사가, 낮과 밤이 교차하는 일상에 대한 시편 기자의 묵상이, 생존의 어둠에 가려져 있는 빛에 관한 지혜자의 사색 등이 펼쳐진다.

창세기에서 빛은 피조물이다. 창조주 하나님이 맨 먼저 지은 대상은 빛이다. 하나님이 태초에 하늘과 땅을 말씀으로 창조하실 때 맨 먼저 선포하신 말씀이 "빛이 있으라"였다.

하나님이 이르시되 빛이 있으라 하시니 빛이 있었고 빛이 하나님이 보시기에 좋았더라 하나님이 빛과 어둠을 나누사 하나님이 빛을 낮이라 부르시고 어둠을 밤이라 부르시니라 저녁이 되고 아침이 되니 이는 첫째 날이니라 창 1:3-5

빛은 저절로 생긴 것이 아니다. 하나님은 빛과 어둠을 나누면서 빛을 낮이라, 어둠을 밤이라고 부르셨다. 카오스이던 땅(창 1:2)에 하나님이 빛과 어둠을 구분하면서 낮과 밤이 교차하는 코스모스(cosmos)의 질서를 조성하셨다. 하나님은 빛을 있게 하면서 어둠을 없애지 않으셨다. 대신 어둠을 빛과 '나누셨다·구별하셨다'. 하늘의 궁창에 해와 달과 별 같은 "광명체"(창 1:14, 16)를 두어 땅을 비추게 하셨다(창 1:17). 빛이 피조물이듯이 해와 달과 별도 하나님이 지으신 피조물들이다. 해와 달과 별이 낮과 밤을 각각 관장하면서 낮은 빛이 다스리는 시공간이 되고 밤은 어둠이 지배하는 시공간이 되었다.

낮과 밤은 하나님이 정하신 시간의 질서를 알리는 청지기다. 낮과 밤이 질서 있게 그 임무를 교대하면서 땅에서는 시간의 흐름이 개시된다. 그 흐름의 구도가 어둠에서 빛으로 나아간다. "저녁이 되고 아침이 되니 이는 첫째 날이니라"(창 1:5b)고 하지 않는가! 하나님은 어둠에서 빛으로 가는 구도 속에 시간의 질서를 정하셨다. 아침에서 저녁으로 가는 흐름은 점점 어두워지는 구도이지만, 저녁에서 아침으로 가는 흐름은 점점 밝아지는 구도다. 창조주 하나님은 창조 신앙의 이치를 저녁에서 아침으로, 어둠에서 빛으로 나아가도록 짜놓으셨다. 기독교 신앙의 리듬이 고난에서 부활로 나아가는 구도인 것도 같은 이치다.

창세기가 전하는 천지창조에 관한 증언에서 두드러지는

글말은 시간의 흐름을 지적하는 후렴구다. "저녁이 되고 아침이 되니 이는 첫째 날이니라"(창 1:5), "저녁이 되고 아침이 되니 이는 둘째 날이니라"(1:8), "저녁이 되고 아침이 되니 이는 셋째 날이니라"(1:13), "저녁이 되고 아침이 되니 이는 넷째 날이니라"(1:19), "저녁이 되고 아침이 되니 이는 다섯째 날이니라"(1:23), "저녁이 되고 아침이 되니 이는 여섯째 날이니라"(1:31) 라는 글말이 알람(alarm)처럼 울리고 있다.

그런데 아무리 살펴봐도 창조의 일곱째 날에는 그런 알람이 울리지 않는다. 대신 들리는 소리는 "하나님이 그가 하시던 일을 일곱째 날에 마치시니 그가 하시던 모든 일을 그치고 일곱째 날에 안식하시니라"(창 2:2)이다. 왜 이런 변이(?)가 생겼을까? 천지창조의 제7일에는 저녁이나 밤이 없었기 때문인가? 아니다. 천지창조의 일곱째 날에도 저녁은, 밤은, 분명히 있었다. 단지, '저녁이 되고 아침이 되니 이는 일곱째 날이니라'는 표현을 의도적으로 생략했을 뿐이다. 하나님이 천지창조의 일곱째 날을 복되게 하셨기 때문이다(창 2:3).

창조의 일곱째 날에는 그 어떤 어둠도 하나님의 쉼을 침범하지 못한다. 하나님이 안식하셨다는 창조의 일곱째 날을 소중하게 여긴 이스라엘은 안식일을 기억하여 거룩하게 지키고자 했다(출 20:8). 아니, 안식일을 지켜 거룩하게 하고자 했다(신 5:12). 하나님의 쉼을 기억하여 지킨다는 것은 하나님의 임재에 참여하는 동작이다. 하나님의 임재 앞에 서는 자에게는 저녁이나 어둠으로 상징되는 혼돈이 없다. 저녁이, 밤이, 어둠이 없어서가 아니다. 어둠으로 상징되는 그 어떤 세력도 하나님의 임재를 침범하지 못하기 때문이다.

그렇다. 창조의 '칠'(七)에는 구원의 은총이 '칠'(漆)해져 있다.[28] 이 구원의 은총에서 예수 그리스도의 복음이 솟구쳐 나온다. "수고하고 무거운 짐 진 자들아 다 내게로 오라 내가 너희를 쉬게 하리라"(마 11:28) 하시지 않았는가!

"이 밤은 여호와의 밤이다"

하나님의 구원사는 창조 세계의 낮과 밤을 하나님 역사(役事)의 무대로 삼는다. 출애굽기의 열 가지 재앙이 그 사례다. 출애굽의 마중물이던 열 가지 재앙은 공간적으로는 땅과 하늘(창공)에서 벌어졌지만, 시간상으로는 낮에서 밤으로 가는 구도 속에 펼쳐졌다.

출애굽기를 읽어 보라. 처음 여섯 재앙은 대낮에 일어났지만(출 7:14-9:12), 나중의 네 재앙은 낮을 무색하게 삼키는 어둠이 장악하였다. 나일강물이 피가 되고(출 7:20), 개구리가 뭍으로 올라오고(출 8:5-6), 티끌이 이가 되고(출 8:17), 파리 떼가 기승을 부리고(출 8:21, 24), 가축들이 돌림병으로 죽고(출 9:3-6), 온 땅의 티끌이 악성 종기가 되는(출 9:8-10) 재앙은 다 한낮에 일어났다.

하지만 그 뒤에 이어지는 일련의 재앙들은 낮이 밤으로 돌변하는 기승전결을 지닌다. 우박으로 대낮이 어둑어둑해지다가(출 9:22-25), 메뚜기가 땅을 덮으면서는 사방이 밤처럼 어둡게 되었고(출 10:15), 흑암이 땅을 덮친 뒤에는(출 10:21) 한밤중에 여기저기에서 터지는 통곡 소리가 열 가지 재앙의 대미를 장식한다(출 11:4-6). 다음 구절들을 읽어 보라.

메뚜기가 온 땅을 덮어 땅이 어둡게 되었으며 출 10:15

하늘을 향하여 네 손을 내밀어 애굽 땅 위에 흑암이 있게 하라 곧 더듬을 만한 흑암이라 출 10:21

내가 그 밤에 애굽 땅에 두루 다니며 사람이나 짐승을 막론하고 애굽 땅에 있는 모든 처음 난 것을 다 치고 애굽의 모든 신을 내가 심판하리라 출 12:12

밤중에 여호와께서 애굽 땅에서 모든 처음 난 것 곧 왕위에 앉은 바로의 장자로부터 옥에 갇힌 사람의 장자까지와 가축의 처음 난 것을 다 치시매 출 12:29

출애굽기에 수록된 열 가지 재앙은 밤을 향한 증언이다. 어두워졌다가(10:15), 캄캄해졌다가(10:21), 마지막에는 처음 난 것들이 모조리 죽임을 당하는 대참사가 일어나는 밤으로 이어진다. 그 대참사가 일어난 바로 "그 밤에"(12:30) 히브리 사람이던 이스라엘은 여호와의 군대가 되어 애굽 땅을 벗어난다.

사백삼십 년이 끝나는 그날에 여호와의 군대가 다 애굽 땅에서 나왔은즉 이 밤은 그들을 애굽 땅에서 인도하여 내심으로 말미암아 여호와 앞에 지킬 것이니 이는 여호와의 밤이라 이스라엘 자손이 다 대대로 지킬 것이니라 출 12:41-42

이제는 새 출발이다. 그런데 출애굽 신앙은 애굽 땅의 이스라엘이 여호와 하나님의 군대가 되어 애굽을 나서는 때를 가리켜 여호와의 밤이라고 불렀다. 죽음이 지배하는 시간이 아니라 생명이 다스리는 시간이었다고 보았다. 바로 "그 밤에" 이스라엘은 어린 양의 피를 집 좌우 문설주와 인방에 발라 두어야 했다(출 12:7, 8, 12). 유월절의 기원이다. 이스라엘 신앙은 이날을 "달의 시작 곧 해의 첫 달이"(출 12:2) 되게 하는 절기로 삼았다.

여기서 눈여겨보아야 할 사실이 있다. 창조 신앙이 고백하는 시간의 질서는 저녁에서 아침으로 가는 구도였지만, 하나님의 구속사가 증언하는 애굽을 향한 심판은 낮을 밤으로 몰아넣는 두려움으로 짜여 있다. 세상을 지으실 때 하나님이 지키신 시간은 저녁에서 아침으로 가는 구도였지만, 사람을 심판하실 때 하나님이 역사(役事)하신 시간은 낮이 밤으로 돌변하는 구도를 갖는다.

낮이 밤으로 돌변하고 빛이 어둠으로 뒤바뀌는 그 처참한 자리에서 펼쳐진 하나님의 구원은 출애굽의 밤을 '향(向) 가나안'의 아침이 되는 역사(歷史)로 바꾸어 놓았다. 구원의 하나님은 죄와 악에 억눌려 지내던 밤을 다시 낮이 되게 하는 은총으로 바꾸어 놓으신다. 그 은총이 불기둥과 구름 기둥으로 나타났다(출 13:21-22; 시 78:14). 그래서 하는 고백이다. "주께서 나의 등불을 켜심이여 여호와 내 하나님이 내 흑암을 밝히시리이다"(시 18:28). 그렇다. 하나님은 옷을 입음같이 빛을 입으시고 하늘을 휘장같이 치시며 구름으로 자기 수레를 삼으시고 불꽃으로 자기 사역자를 삼으신다(시 104:2-4, 참조 27:1; 97:11; 105:39; 112:4; 118:27).

"내가 태어난 날이 캄캄한 밤이었더라면"

구약성경 욥기는 밤을 살아야 했던 한 신앙인의 고백이다. 욥에게 밤은 낮과 밤의 밤이 아니라 온몸이 고통스러운 질병에 매여 있던 순간이다. 해넘이로 사방이 캄캄하게 되는 어둠이 아니라 삶의 지평선이 고난으로 채워지며 겪어야 했던 어둠이다. 욥기는 밤의 노래요, 흑암을 맞이한 자의 탄식이다(3:3; 7:3-4; 27:20; 30:17). 욥에게 밤은 무덤(스올)으로 가는 현관이다(17:12-13).

같은 욥기라도 산문체 욥기(1-2장, 42:7-17)와 시문 욥기(3:1-42:6)는 밤을 헤쳐 가는 욥의 자세에서 그 결이 서로 다르다. 이야기체 욥기(1-2장; 42:7-17)만 읽으면, 욥은 흑암이 그의 인생을 덮친 자리에서도 하나님 신앙을 포기하지 않는 위인이다. 사탄은 "욥이 어찌 까닭 없이 하나님을 경외하리이까"(1:9)라는 말로 하나님의 심사를 마구 흔들어 놓았지만, 욥은 까닭 모르게 재앙을 당한 자리에서도, 그 어떤 보상도 기대하지 않은 채, "주신 이도 여호와시요 거두신 이도 여호와시오니 여호와의 이름이 찬송을 받으실지니이다"(욥 1:21)라고 고백하며 신앙의 정조를 버리지 않는다. 그 고백에 여호와께서 "욥의 곤경을 돌이키시고" "욥에게 이전 모든 소유보다 갑절이나 주신"(42:10) 것으로 화답하시지 않았던가!

시문체 욥기(3:1-42:6)에 묘사된 욥의 고백은 이와 다르게 무척 거칠다. 탄식하고 원망하고 대들고 저항하다가 하나님의 공의로우심마저 저울질한다. 그 고백의 들머리가 욥이 자기 생일을 저주하는 탄식이다.

내가 난 날이 멸망하였더라면, 사내 아이를 배었다 하던 그 밤도 그러하였더라면, 그날이 캄캄하였더라면, 하나님이 위에서 돌아보지 않으셨더라면, 빛도 그날을 비추지 않았더라면, 어둠과 죽음의 그늘이 그날을 자기의 것이라 주장하였더라면, 구름이 그 위에 덮였더라면, 흑암이 그날을 덮었더라면…

욥 3:3-7

욥의 노래는 단조다. 찬양이 아니라 탄식이다. 그 탄식의 자리가 밤중이고, 그 한탄의 속내가 밤중이다. 위 인용구에서 "밤"이란 글자가 모두 몇 번 나오는가? 거기에 "캄캄함" "어둠" "흑암"까지 더해서 욥은 자기 삶의 무대가 캄캄한 흑암뿐이라고 울부짖고 있다.

욥에게 밤은 병·사고·시련·고난에 짓눌린 삶을 가리키는 은유다. 욥에게 밤은 흑암(스올)으로 내려가는 마중물이었다. 욥이 탄식조로 읊은 밤의 노래는 욥이 그의 친구들과 벌이는 논쟁으로 이어진다. 이 논쟁의 주제는 인과응보 신앙이다. 욥은 인과응보 너머에 있는 신앙 세계를 찾다가 친구들에게서도 따돌림당하는 외로움을 자초한다. 마지막 순간 하나님이 현현하여 그에게 말씀을 쏟아내시기 전까지 욥은 거칠고, 어둡고, 외로운 밤을 살아 내야만 했다. 욥에게 느닷없이 닥친 이 어두움은, 열다섯 살의 소년이었을 때 아우슈비츠로 끌려가 하나님이 어디에 계신지를 물어야 했던 엘리 비젤(Elie Wiesel)의 《나이트》(Night)를 떠올리게 한다.

욥의 시간이 밤에서 아침으로, 어둠에서 빛으로 바뀌게 된 계기는 하나님이 욥에게 나타나셔서 '네가 아느냐' '네가 할 수 있느냐'는 질문을 마구 퍼부으면서다(욥 38:1-42:6). 파노라마 형식으로 욥에게 쏟아진 하나님의 질문은 낮과 밤이 순환하는 창조 세계의 이치를 치밀하게 따진다. 주목할 것은 하나님의 추궁이 역사를 묻는 것이 아니라 자연계의 이치를 물었다는 사실이다. 그런데 낮과 밤이 교차하는 자연현상의 이치를 묻는 하나님의 질문에서 사람의 자리는 그 어디에도 없었다!

하나님의 오심을 체험하면서부터 욥의 시간은 밤에서 아침으로, 어두움에서 빛으로 바뀌게 된다. 실존의 어둠이 실존의 빛으로 바뀌게 된다. 욥이 마침내 이렇게 고백하지 않는가. "내가 주께 대하여 귀로 듣기만 하였사오나 이제는 눈으로 주를 뵈옵나이다"(욥 42:5). 욥이 본 것이 무엇인가? 아니, 욥이 깨달은 것은 무엇인가? 욥은 낮과 밤이, 빛과 어둠이 교차하는 창조 세계에서 인간의 자리는 미미하다는 것을 깨달았다. 이 깨달음은 신앙을 인간중심주의로 포장하던 결기를 포기하는 순간이다. 그 순간 욥은 "개인적인 보상에 집중되어 있던 신앙 윤리로부터 해방되었다. 그렇다. 세상에는 악마가 있지만, 세상이 악마인 것은 아니다."[29] 그래서 하는 말이다. "지혜가 우매보다 뛰어남이 빛이 어둠보다 뛰어남 같도다"(전 2:13).

그날에는 낮이 바뀌어 밤이 되기에

구약의 예언자들에게 낮과 밤은 다분히 종말론적이다. 보기에 따라서는 우주론적인 색깔도 띤다. 종말론은 "그날에" 있을 일을 조망하는 청사진이지만, 구약의 예언자들에게 그 속내는 오늘을 살아가게 하는 자명종이다. 우주론은 코스모스(우주)의 생성과 그 질서에 대한 질문이지만, 구약의 예언자들에게 그 속내는 창조주 하나님이 종말에 이루실 "새 하늘과 새 땅"에 관한 묵상이다.

하나님이 지으신 온 우주의 짜임새와 쓰임새를 종말론적으로 묵상하던 구약의 예언자들에게 세상의 빛은 하나님의 임재를, 세상의 어둠은 하나님의 부재를 상징하게 된다. 눈물의 예언자 예레미야가 그런 경우다.

> 보라 내가 땅을 본즉 혼돈하고 공허하며 하늘에는 빛이 없으며 내가 산들을 본즉 다 진동하며 작은 산들도 요동하며 내가 본즉 사람이 없으며 공중의 새가 다 날아갔으며… 이로 말미암아 땅이 슬퍼할 것이며 위의 하늘이 어두울 것이라
>
> 렘 4:23-25, 28

어둠은 경고다. 하나님의 뜻이, 하나님의 기대가 그 땅에

구현되지 않아서 세상이 어두워졌다는 경고다. 예언자의 하나님은 부정(不正, 不淨, 不貞)한 방식으로 어둠을 자행하던 자들을 사람들이 이제껏 겪어 보지 못한 흑암으로 심판하신다. 노트북 컴퓨터 자판의 'Delete' 키처럼 세상의 빛을 다 지워 버리신다. 무슨 소리인가? 하나님이 '어둠을 일으키시기 전에, 사람들이 바라는 빛이 사망의 그늘로 변하여 침침한 어둠이 되게 하시기 전에'(렘 13:16) 세상사가 하나님의 뜻이 이뤄지는 무대가 되게 하라는 것이다(호 6:5).

이스라엘 백성은 세속의 빛과 어둠이 하나님의 빛과 어둠으로 바뀌는 날이 도래하기를 오래도록 기다려 왔다. 앗수르 → 바벨론→ 바사→ 헬라로 이어지는 수모와 약탈, 침략과 억압 등에 시달리던 이스라엘을 위하여 빛이 어둠으로 바뀌고, 어둠이 빛으로 채워지는 대변혁의 순간이 도래하기를 기대했다. 그런데 구약의 예언자들은 그런 기다림의 속내를 단번에 뒤집어 놓았다.

화 있을진저 여호와의 날을 사모하는 자여 너희가 어찌하여 여호와의 날을 사모하느냐 그날은 어둠이요 빛이 아니라
암 5:18

아모스에게 "여호와의 날"은 현 역사의 끝(종말)이자 하나님

의 구속사가 새롭게 시작하는 들머리가 된다. 끝이 아니라 끄트머리다. 끝이자 동시에 머리가 된다. 그 끄트머리에서 하나님은 부정한 역사를 단(斷)하시고 새로운 창조 공간을 여신다. 오늘을 부정하게 살아가는 자들은 새 하늘과 새 땅에 들어설수 없다. 여호와의 날은 정녕 어둠 없는 빛이고 캄캄함 없는 빛남이지만, 오늘의 생활신앙에서 종말의 청사진에 입장할만한 준비가 안 된 자들에게는 여호와의 날은 '빛 없는 어둠이고 빛남 없는 캄캄함'뿐이다. 그래서 하는 말이다. "화 있을진저 여호와의 날을 사모하는 자여."

구약의 예언자들은 시간(역사)의 끝에 도래할 "새 하늘과 새 땅"을 조망하면서 그 공간에 들어설 수 있는 자의 자격을 깨닫는 데 심혈을 기울였다. 그랬기에 그날에 도래할 낮과 밤은 소망의 공간이기보다는 심판의 현장이 되었다. 그랬기에 빛과 구원으로 채워져야 할 그날의 공간에 어둠과 재앙과 심판과 분노가 채워지게 된다고 경고했다.

하지만 그렇다고 해서 그날을 향한 청사진이 하나님의 백성들에게 마냥 어둡게만 펼쳐지는 것은 아니다. 여호와의 날이 다가온다는 소식을 경고의 나팔로 알리면서도(욜 2:1-3; 습 1:14-16) 예언자들은 그날에 펼쳐질 빛과 어둠의 이중주가 이스라엘에는 구원을, 이스라엘의 대적에게는 심판을 연주한다고 보았다(욜 3:1-2). 요엘이 그 이중주가 들리는 자리를 가리켜 "여호사밧 골짜기"(심판의 골짜기, 욜 3:2)라고 부른 이유도 여기에 있다. '옷을 찢지 않고 마음을 찢으면서 하나님께 돌아온 자'는, 거룩한 산 시온에 모여 여호와 하나님을 피난처로 삼는 자들은, 그 심판의 골짜기에서 놀라운 구원을 얻으리라(욜 3:14-21; 습 3:17). 그날에 하나님이 자기 백성의 상처를 싸매실 때 "달빛은 햇빛 같겠고 햇빛은 일곱 배가 되어 일곱 날의 빛과"(사 30:26) 같을 것이다.

빛의 재발견, 인상파·인상주의

중요한 것은 빛을 빛으로 수용할 줄 아는 영적 감각이다. 어둠을 어둠으로 인지하는 영성이다. 빛과 어둠을 판별하는 이 영적 감각을 인상주의(impressionism) 미술 사조에서 배울 수 있다.[30]

인상주의는 19세기 프랑스에서 생겨난 미술 양식으로 사실주의(realism) 이후로 등장한 화풍이다. 인상주의는 '무엇'을 그리는가에 열중한 사실주의에 비해 사물을 '어떻게' 바라보는가를 중요하게 여겼다. 사실주의라고 해서 사실을 있는 그대로 묘사한 것은 아니다. 이성에 바탕을 둔 지성이 열어젖힌 사회 비판적 시각이 거기에는 작용하고 있었다. 사실 "사실주의는 성서·신화·역사 같은 객관적인 주제들을 고전적으로 재현하던 미술이 주류를 이루던 시절에 그림의 소재를 일상으로 전환해 놓았다"는 점에서 현대미술로 나아가는 모더니즘을 개척한 양식이다. 그런데도 인상주의에 주목하는 것은 화가 개인의 '주관적 시각을' 전면에 부각시킨 사실주의에 비해 인상주의가 일상 현실의 지평선을 보다 '심미적'으로 재현했기 때문이다.

인상주의 미술의 화두는 '빛'이다. 인상주의 화가들에게 사물의 색이나 형태는 그림의 본질적인 요소가 아니었다. 빛에 의해서 언제든지, 얼마든지 달라지기 때문이다. 인상주의 화가들에게는 대기에 스며든 빛이 사물의 고유한 색이나 형태를 어떻게 변화시키는지를 관찰하는 작업이 더 소중했다. 그 선두에 나선 작품이 모네(Oscar-Claude Monet)의 〈해돋이〉다.

모네의 〈해돋이〉가 처음부터 사람들의 관심을 끈 것은 아니었다. 처음에 이 그림은 "피상적인 '인상'을 그린 미완성의 작품이며 초벌의 벽지도 이보다는 잘 그렸을 것이다"라는 조롱 섞인 평을 들어야 했다. 모네가 그리고자 한 것은 눈에 보이는 항구 풍경이 아니었다. 모네는 "사람 눈에는 보이지 않는 빛이 사물에 닿으면 어떻게 작용하는지를" 그림으로 드러내고자 했다. 그래서 모네는 "해돋이의 빛이 항구의 대기를 어떻게 물들이고, 찰랑거리는 물살에 어떻게 반사되는지"를 가볍게 터치해 놓았다. 모네가 그리고자 한 것은 "눈에 보이는 항구의 풍경이 아니라 눈에 보이지 않는 빛과 빛의 작용"이었던 것이다.

인상주의 그림에서도 확인했듯이 창조 세계의 빛은 우리 가운데 있으면서도 우리 밖에 있다. 인상주의 그림에서도 드러났듯이 창조 세계의 질서에서 어둠은 우리 속에 있으면서도 우리의 통제를 벗어난다. 구약의 말씀이 전하는 빛과 어둠은, 낮과 밤은, 우리 일상에 내재하면서도 우리 일상을 초월해 있다. 이 내재성과 초월성이 역사하는 자리에서 빛과 어둠은 우리에게 늘 계시로 다가온다. 빛을 빛으로, 어둠을 어둠으로 깨닫는 시각이 소중하다는 이야기다. 예수 그리스도가 우리에게 생명의 빛으로 오신 이치를 깨달아야 한다.

다시는 낮에 해가 네 빛이 되지 아니하며 달도 네게 빛을 비추지 않을 것이요 오직 여호와가 네게 영원한 빛이 되며 네 하나님이 네 영광이 되리니 다시는 네 해가 지지 아니하며 네 달이 물러가지 아니할 것은 여호와가 네 영원한 빛이 되고 네 슬픔의 날이 끝날 것임이라 사 60:19-20

10

평
안
과

불
안

옛 사람이 죽어야

불안에서 평안으로 갈 수 있다

평안과 불안, 그 언어의 풍경

구약 신학의 케리그마(Kerygma)는, 존 골딩게이(John Goldingay)에 따르면, 《이스라엘의 복음》(Israel's Gospel) 《이스라엘의 신앙》(Israel's Faith) 《이스라엘의 삶》(Israel's Life)으로 정리된다.[31] "구약성서에 나타난 평안과 불안"은 이스라엘의 삶에 관한 증언 중 일부다. 이스라엘의 삶은, "하나님과 함께하는 삶"(Living with God) "공동체와 함께하는 삶"(Living with One Another) "자기 자아와 함께하는 삶"(Living with Ourselves), 이렇게 세 축으로 이루어진다. 이런 맥락에서 평안과 불안의 풍경은 자기 자아와 함께하는 삶에 속한다. 하나님의 사람이라는 자아가 태어남에서 죽음에 이르기까지 참고, 견디고, 베풀고, 닮아 가고, 이루어 가는 성품의 빛과 그림자로 평안과 불안이 대두되었다.[32]

평안에 상응하는 구약의 언어는 '샬롬'이다. 히브리어 '타밈'(온전한, 시 119:1)도 평안에 상응하지만, 평화·평강·화평·화목 등으로 번역되는 히브리어 샬롬이 구약의 평안과 불안을 새겨 가는 소재로 더 적당하다. 샬롬의 우리말 대응어가 평안은 아니지만, 구약성서가 증언하는 평안과 불안은 샬롬의 지평선에서 더욱 명확하게 드러난다.

샬롬은 의의 열매다. "인애와 진리가 같이 만나고 의와 화평이 서로 입맞추었으며"(시 85:10) 하지 않았는가. 평화를 이루기 위한 행동이 없어서는 안 되지만(사 2:4; 미 4:4), 무엇보다도 주목할 것은 하나님 앞에서 의롭지 않으면 사람의 삶에는 샬롬이 없다는 사실이다(렘 6:14; 8:14-15). 샬롬이 있는 곳에 삶·건강·수명의 화평·평강·평안이 있고(시 37:11; 38:3; 잠 3:2), 샬롬이 사라진 곳에 불안·갈등·전쟁이 있다(시 55:20-21; 잠 15:18; 전 3:8). 샬롬은 전쟁 없는 상태를 가리키지만, 그보다는 완전함(wholeness), 온전함(oneness), 어우러짐(harmony), 웰빙(well-being)의 상태·관계를 가리키는 말로 보아야 한다. 이 샬롬의 유무에 따라서 평안과 불안이 자리 잡는다.

우리말에서 평안(平安)은 걱정과 근심이 없는 마음의 상태를 가리킨다. '평안'이라는 글자의 우리말 풀이는 그 생김새와는 달리 자못 소극적이다. '~이 있는' 상태라기보다 '~이 없는' 상태라고 보기 때문이다. 예컨대 걱정이 없는 상태를 평안이라고 부른다. 즉 평안에 대한 우리말 풀이는 평안을 창조 질서의 빛에서 풀이하는 샬롬에는 한참 못 미친다. 샬롬의 터전은 온전함(wholeness)이고, 온전함의 뿌리는 거룩함(holiness)이며, 거룩해짐의 열매는 하나님의 구원(독일어 heil)이다.[33]

샬롬이 역사(役事)하는 삶에서 몸과 마음은 평안을 누린다. 히브리어 샬롬과 달리 우리말 평안은 몸과 마음의 상태를 구분하여 살핀다. 몸의 상태가 편안(便安)이라면, 염려 없이 지내는 마음의 꼴은 평안(平安)이다. 구약에서 샬롬은 몸과 마음 어디에도 작용하지만, 우리말에서 평안은 몸의 처지보다는 마음의 형편에 더 주안점을 둔다. 우리말 평안은 샬롬의 측면을 심리적인 상태로 축소해 놓는다. 평온(平穩)도 평안과 비슷하다. 그렇지만 마음의 고요함을 지칭하는 평온과는 달리 평안은 불안하지 않은 속내를 가리킨다. 물론 '마음이 편안하다'라고 말할 때도 있지만, 그 뜻은 '마음이 평안하다'와 조금 다르다. "마음의 평안함은 욕심도 없고 걱정 근심도 없이 마음이 평화로운 것을 가리키지만, ('마음이 편안하다'는) 흥분이 가라앉거나 불안한 일, 걱정거리가 없어져 마음이 안정된 것이다."[34]

우리말 평안을 어느 측면에서 살피든 구약의 평안은, 히브리어 샬롬이 그러하듯, 온전하거나 완전하거나 순전한 상태·관계를 가리킨다. 하지만 그 쓰임새는 주로 사람의 마음이나 공동체의 속내에 쏠려 있다. 불안은 그 반대다. 개인이든 공동체든, 그 마음의 상태나 공동체의 속내가 온전하지 못하거나 완전하지 않거나 어우러지지 못할 때 불안이 기승을 부린다. 샬롬이 있는 곳에 평안이 있고, 샬롬이 사라진 곳에 불안이 있다. 불안은 평안의 반대말이고, 평안은 불안의 대척점에 있다. 구약에서 평안은 누림의 대상이지만, 불안은 눌림의 주체다. 이 누림과 눌림의 이중주에 구약성경이 증언하는 평안과 불안의 세계가 있다.

무엇이 삶을 불안하게 하는가?

구약의 증언을 평안과 불안의 이중주로 읽을 때 눈에 띄는 대목은 인간을 '호모 페카토르'(homo peccator, 죄지은 사람)로 해설하는 장면이다. 구약성서의 들머리는 인간을 불안에 눌린 실존으로 소개한다.

그들이 그날 바람이 불 때 동산에 거니시는 여호와 하나님의 소리를 듣고 아담과 그의 아내가 여호와 하나님의 낯을 피하여 동산 나무 사이에 숨은지라 창 3:8

이 대목에서 중심 소재(motif)는 "동산 나무 사이에 숨은" 아담과 하와다. 그냥 숨은 것이 아니라 '동산 나무 사이에 자기 몸을 숨겼다'(바이이트합베 하아담 베이쉬토 ⋯ 베토크 에츠 학간). 어쩌다 '숨은' 게 아니라 '스스로 자기 몸을 숨겼다'('하바'의 히트파엘). 왜 아담과 하와가 동산의 "나무 사이에" 그 몸을 숨겼는가? 동산을 거니시는 하나님의 소리를 듣고 "하나님의 낯을" 피하기 위해서다. 아담과 하와를 찾아오신 하나님의 임재(하나님의 낯) 앞에 자기들의 모습을 드러내기가 수치스러웠거나 두려웠기 때문이다. 아담이 하나님께 "내가 동산에서 하나님의 소리를 듣고 내가 벗었으므로 두려워하여 숨었나이다"(창 3:10)라고 대답하지 않았던가. 하나님의 뜻을 어겼다는 것이다. 불안했다는 것이다. 하나님과의 샬롬이 사라져 버렸기 때문이다. 하나님이 주신 평안을 누리지 못했기 때문이다.

하나님의 형상대로 지어진 사람은 하나님이 심고 가꾸신 태초의 정원에서 하나님의 말씀과 '어우러진'(샬롬!) 삶을 살아내야만 했다. 에덴의 아담과 하와는 그렇지 못했다. 하나님의 말씀에 시비를 걸었다. 물론, 하나님의 말씀에 먼저 시비를 건 것은 뱀이었다. 뱀이 여자에게 이렇게 말을 걸지 않았던가? "하나님이 참으로 너희에게 동산 모든 나무의 열매를 먹지 말라 하시더냐"(창 3:1). 뱀의 입에서 튀어나온 "참으로"에는 '그것이 그렇지 않다'라는 판단이 들어 있다. 여자가 맞장구를 쳤다. 하나님의 말씀에다 자기 생각을, 자기 판단을 덧붙였다. 하나님이 먹지도 말고, 만지지도 말라고 말씀하셨다고 대꾸했다(창 3:2-3). 뱀이 한 걸음 더 나아갔다. '아니다, 너희가 그 나무 열매를 먹으면(키 베욤 아칼켐 미멘누) 너희는 하나님처럼 될 것이다'(창 3:5).

아담과 하와의 눈이 밝아졌다. 아담과 하와의 눈에 벌거벗은 각자의 몸이 들어왔다. "얼몸이었던 인간이 알몸이라는 존재로 돌변해 버리고 말았다."[35] 본래는 부끄러워하지 않던 알몸이었지만, 아닐 비(非)의 시비가 붙으면서 아담과 하와는 무화과나무 잎으로 치마를 엮어서 각자 몸을 가려야만 했다(창

3:7). 몸만 가린 게 아니라 마음도 가렸다. 육체만 가린 게 아니라 영혼도 가렸다. 가리고 싶은 것이 죄다. 죄는 수치심과 함께 온다. 이 비극을 기독교 신앙은 타락으로 새겼다. 그러면서 사람들의 거주지가 에덴이 아니라 에덴의 동쪽이 되고 말았다고 탄식했다(창 3:23). 동산의 열매를 채집해 살아가던 청지기가 "땅을 갈아야만"(창 3:23) 생존할 수 있는 인생으로 추락하고 말았다. 평안을 누리는 삶이 아니라 불안에 매이는 인생으로 전락하고 말았다.

에덴의 동쪽이 불안의 현장이 된다면, 평안은 에덴으로 돌아가는 길에서 얻을 수 있다. 하나님의 기대와 어우러지지 못한 삶이 불안의 원인이었다면, 하나님의 소망과 어우러지는 삶은 평안의 원천이다. 문제는 에덴으로 돌아가는 길이 막혀 버렸다는 데 있다(창 3:24). 구약의 토라는 이 막힌 길을 뚫는 처방이다. 하나님이 가라고 정해 주신 길을 걸어갈 때 사람살이가 정립된다. 아담의 후손은 '토라'를 자기의 길(道)로 수렴해야 한다. 하와의 자손이 말씀(道)을 자기 길(道)로 삼을 때 에덴으로 되돌아가는 길(路)이 열린다.

시편 19편의 전반부(1-6절)는 창조 질서의 섬세함을 예찬하는 노래다. 하늘의 해가 하루 내내 어떻게 움직이는지를 살피다가 하나님의 도(길)를 깨우쳤다. 그런 깨달음이 시편 19편의 후반부(7-14절)에 담겼다.

여호와의 율법은 완전하여 영혼을 소성시키며 여호와의 증거
는 확실하여 우둔한 자를 지혜롭게 하며 여호와의 교훈은 정
직하여 마음을 기쁘게 하고 여호와의 계명은 순결하여 눈을
밝게 하시도다 시 19:7-8

여호와의 토라를 따르는 자가 누리는 평안의 성격에 주목
하라. 평안은 '사람에게 생기를 북돋운다, 어리석음을 깨우친
다, 마음에 기쁨을 안긴다, 사람의 눈을 밝힌다'. 하나님이 주
시는 온전함, 완전함, 순전함(甲)이 토라를 걸어가는 자들을
늘, 내내, 고루(安) 인도한다는 것이다. 이런 고백이 '다윗의 시'
로 일컬어지는 것은 우연이 아니다. 다윗이야말로 여호와의
토라(율법, 증거, 교훈, 계명)를 자기 삶의 길로 삼지 않았던가!

하늘의 해가 해일 수 있는 것은 해가 하나님이 정해 놓으
신 길을 따라가기 때문이다. 이 걸음을 닮을 때 하나님의 사람
은 불안에서 벗어나게 된다. 이 하나님의 길(道)을 자기 길(路)
로 삼을 때 하나님의 사람은 숨는 일에서 벗어난다. 아담은 하
나님의 말씀과 등지게 되면서 하나님의 샬롬과 어긋났고, 하
나님이 주신 평안과 어긋나게 되면서 자기 존재를 에덴동산
의 나무 사이에 숨기는 불안한 존재가 되고 말았다. 기억하자.
"아니라는 우김이 가림을 낳았고 부끄럽다는 가림이 숨김을
낳았다."36)

불안에서 평안으로 나아가기 위해서는

불안한 실존이 창조 신앙에서 만나는 인간 이해의 한 축이라면, 불안에서 평안으로 가는 길은 구속사 신앙이 증언하는 인간의 생존이다. 살아 있음의 불안이 살아감의 평안으로 회복되는 여정에 하나님의 구원의 핵심이 있다. 창세기 32-33장에서 만나는 야곱 이야기가 그 진면목을 해설한다. 사람의 삶을 불안으로 내모는 정체가 무엇이고, 사람의 삶을 불안에서 평안으로 가게 하는 주체가 무엇인지를 드러내고 있다.

야곱이 하란살이를 끝내고 하란을 떠나 가나안으로 돌아오던 때의 일이다. 야곱에게 하란은 그의 외삼촌 라반이 살아가는 고장이다. 야곱은 하란 땅 외삼촌의 집에서 최소 20년을 살아야 했다(창 31:38, 41). 레아와 라헬을 아내로 얻기 위해서 14년, 라반의 양 떼를 위하여 6년을 그곳에서 살아야만 했다. 결과적으로 야곱은 하란에서 많은 부를 얻었지만, 그 내막에는 야곱이 외삼촌 라반에게 매여 살고, 눌려 살고, 쫓기며 산 세월이 있다. 그러니까 매여 살던 고장에서 벗어나는 발걸음이 야곱의 가나안행(行)이었다면, 창세기 32-33장이 전하는 야곱의 출(出)하란은 출애굽의 정서에 걸맞다(참조 출 12:37-39).

그렇지만 창세기 32-33장이 전하는 야곱의 길은 야곱의 가슴을 설레게 하는 길이 아니었다. 도리어 정반대였다. 불안이 야곱의 속내를 짓누르고 있었다. 20여 년 전 형 에서의 가슴에 한을 안기고 고향 집을 등져야 했기 때문이다. 이삭이 나이가 많아 눈이 어두워 잘 보지 못하자(창 27:1) 죽기 전에 맏아들 에서를 축복하고자 했을 때(창 27:7), 자기 몫의 복을 야곱에게 빼앗겼다고 울부짖는 에서를 피해 야곱은 서둘러 고향을 떠나야 했다. 야곱을 죽여서라도 자기 몫의 복을 빼앗긴 한을 풀고자 하는 에서가 버티고 있다는 사실(창 27:42)이 가나안으로 가는 야곱의 발걸음을 무겁게 누르고 있었다.

야곱은 가나안으로 가는 도중에 세일 땅 에돔 들에 있는 형 에서에게 선발대를 먼저 보냈다(창 32:3). 그 선발대에게 풍성한 예물을 들려 보내면서 이렇게 아뢰게 했다. "내 주께 은혜받기를 원하나이다 하라"(창 32:5). 야곱이 에서를 가리켜 "내 주"(아도니)라고 부르고 있다. 아무리 어려운 사이라고 해도 에서의 본분은 사람인데, 그런 사람을 가리켜 야곱이 지금 "내 주"라고 부르고 있다. 마치 하늘의 하나님이 주시는 은혜를 고대하는 것처럼, 야곱은 에서가 베푸는 은혜(헨)를 받고자 했다. 하지만 그런 야곱의 귀에 들려온 소식은 이것이었다.

사자들이 야곱에게 돌아와 이르되 우리가 주인의 형 에서에게 이른즉 그가 사백 명을 거느리고 주인을 만나려고 오더이다 야곱이 심히 두렵고 답답하여 자기와 함께한 동행자와 양과

소와 낙타를 두 떼로 나누고 이르되 에서가 와서 한 떼를 치면 남은 한 떼는 피하리라 하고 야곱이 또 이르되… 내가 주께 간구하오니 내 형의 손에서, 에서의 손에서 나를 건져내시옵소서 내가 그를 두려워함은 그가 와서 나와 내 처자들을 칠까 겁이 나기 때문이니이다 창 32:6-9, 11

다음 구절에 주목하자. "두렵고 답답하여." "두려워함은" "겁이 나기 때문이다". 두렵다는 것은 불안의 또 다른 표현이다. 답답하다는 것은 불안의 내면이다. 두려워한다는 것은 불안의 결과다. 야곱이 왜 불안해하는가? 형 에서가 사백 명을 거느리고 야곱에게 오고 있다는 소식을 들었기 때문이다. 이 소리에 야곱은 "심히 두렵고 답답해졌다". 다시 말해 '엄청난 두려움이 야곱을 덮쳐서 짓눌렀다'(봐이이라 야아코브 메오드 봐이예체르 로, 창 32:7a).

에서의 동작은 성대한 '만남'을 위한 걸음이었지만, 그 만남을 위한 에서의 '동작'을 야곱은 불길한 징조로 여겼다. 형 에서와 있었던 불화(不和)가 20년 세월이 지났어도 여전히 화(火)로 남아서 덤벼들고 있다고 보았다. 불화가 화를 낳고 화가 불안을 불러일으킨다. 불화에서 불안에 이르는 연쇄작용은 형과의 관계에서 샬롬을 잃어버린 야곱이 당면해야 했던 마음의 상태다.

야곱을 만나러 온다는 소식이 군사들을 거닐고 온다는 소문으로, 군사들을 거닐고 온다는 소문이 야곱을 죽이려고 한다는 소리로 남아서 야곱의 속내를 불편하게 했다. 소식이 소문으로, 소문이 소리로 변질되면서 야곱은 불안에 휩싸였다. 불안했다는 것이다. 서둘러 자기 식솔과 가축을 두 떼로 나누고자 했다. 에서가 덤벼들어 한 떼를 칠 때 나머지 한 떼는 그 순간을 피하고자 함이었다(창 32:8).

불화가 불안만 낳은 것은 아니다. 불안은 분열로 이어졌다. 식솔과 가축만 두 떼로 나뉜 것이 아니다. 야곱의 자아도 둘로 분열되고 말았다. 그 떼 가운데 야곱의 자리는 어디였는가?

야곱은 가나안 땅의 나들목 얍복나루에서 하나였던 자아가 둘이 되고, 둘이었던 자아가 셋이 되다가 나중에는 넷이 되는(창 32: 10b, 19a, 24a) 정체성의 혼돈을 겪었다.[37] 불안은 자아의 상실로 이어진다. 단순한 상실이 아니다. 자아를 스스로 쪼개게 한다. 자아분열이라는 현상 앞에 서게 한다. 불안의 신학적 아픔이 여기에 있다.

이제부터 야곱 이야기는 불안에서 평안으로 넘어간다. 자아를 극심한 혼란으로 몰아넣던 불안을 야곱은 어떻게 극복했을까? 야곱은 어떻게 해서 여러 갈래로 나뉘었던 자아를 하나로 다시 합친 걸까? 자기 힘으로? 자기 스스로? 아니다! 야곱은 분열로만 치닫던 자아를 결코 자기 힘으로 구원할 수 없었다. 그렇다면 야곱을 꼼짝달싹 못하게 한 불안이 어떻게 야곱의 인생에서 사라졌는가?

야곱이 홀로 남아 있던 얍복나루 이야기가, 아니 야곱이 온몸으로 맞서야 했던 브니엘 이야기가 그 해답이 된다. 야곱은 얍복나루에서 홀로 남아 있다가 '어떤 사람과 날이 새도록 씨름했다'(창 32:24). 허벅지 관절이 어긋나는 아픔을 겪을 때까지 씨름해야 했다. 씨름이 무엇인가? 모래판의 먼지에서 나뒹구는 대결이 아닌가? 사람이 흙에서 빚어졌듯이, 그날 그 밤에, 야곱은 얍복나루 씨름판의 흙으로 다시 빚어지는 과정에 들어서게 되었다. 이 씨름판 이야기에는 말글의 유희가 있다. "야야코브(야곱)가 얍보크(얍복)에서 예아베크(씨름하였다)" 하였다는 것이다.[38] 그 재창조(새 창조)의 과정이 야곱을 '브니엘의 아침'으로 몰아갔다(창 32:31).

야곱이 누구와 씨름했는가? 창세기는 그를 그냥 "어떤 사람"(창 32:24)이라고만 부르고 있다. 이 "어떤 사람"은 누구인가? 문맥상 에서와 만나기를 두려워하는 야곱의 자아를 가리킬 수 있다.[39] 마음으로는 용서를 빌고 에서와 만나기를 원하지만, 몸으로는 차마 나서지 못하던 야곱의 자아일 수 있다.

불안의 길에서 평안의 길로 가기 위해서는 자기 자신과 씨름하지 않으면 안 된다. 옛사람은 죽고 새 사람이 되는 처절

함을 체험하지 않으면 불안은 치유받지 못한다. 사람이 거듭
나지 않으면 하나님의 나라를 볼 수 없다고 말씀하신 예수 그
리스도의 가르침(요 3:3)을 야곱이 새사람이 되어 가는 씨름판
에서도 들을 수 있다. 야곱은 그 처절한 씨름 끝에서 "생명"(창
32:30b)을 얻었다. 끝은 끄트머리다. 끝은 끝이 아니라 새 시작
의 들머리다. 그 들머리가 "브니엘"(하나님의 얼굴, 창 32:30a)이다.

평안을 누리는 길

야곱이 브니엘의 감격을 체험한 뒤 깨달은 것이 있다. "어떤 사람"이 야곱과 씨름하다가 야곱의 이름을 이스라엘로 바꿔 주었다는 것이다. "네 이름을 다시는 야곱이라 부를 것이 아니요 이스라엘이라 부를 것이니 이는 네가 하나님과 및 사람들과 겨루어 이겼음이니라"(창 32:28) 하지 않았던가. 이 이름과 함께 야곱은 불안에 사로잡혀 있던 자아를 극복하였다.

문제는 이스라엘이라는 명칭에 야곱이 '하나님과 겨루어 이겼다'는 뜻이 담겨 있다는 데 있다. 사람이 어떻게 하나님과 겨루어 이길 수 있을까? 어린 자녀와 씨름해 본 아버지는 이 말의 뜻을 쉽게 간파한다. 어린 자녀와 씨름 놀이를 하다가 자녀를 이기는 아버지는 세상 어디에도 없다. 이스라엘이라는 이름에는 '야곱은 하나님의 아들, 하나님은 야곱의 아버지가 되신다'는 뜻이 담겨 있다. 야곱의 새 이름 속에 '엘'(하나님) 자(字)가 들어가 있다. 여태까지 하나님 없는 인생을 살던 야곱이 이스라엘이라는 이름과 함께 새로운 삶을 살게 된다. 야곱이라는 이름에 불안이 있다면, 이스라엘이라는 이름에는 평안이 있다. 평안과 불안을 인문학적으로만, 심리학적으로만 파악해서는 안 된다. 사람의 무늬(人文)는 주름살(불안)로 그치지만, 하나님의 무늬(天文)는 평안의 문양을 띤다.

불안은 하나님이 주시는 평안을 얻을 때 사라진다. 세상살이의 불안을 이기는 길은 하늘의 하나님이 주시는 평안으로 자기 속내를 채우는 일이다. 브니엘의 아침을 맞은 야곱이 마침내 에서와 대면하게 되었을 때 에서를 향해서 무엇이라고 외쳤는가?

야곱이 이르되 그렇지 아니하니이다 내가 형님의 눈앞에서 은혜를 입었사오면 청하건대 내 손에서 이 예물을 받으소서 내가 형님의 얼굴을 뵈온즉 하나님의 얼굴을 본 것 같사오며 형님도 나를 기뻐하심이니이다 창 33:10

미워했던 자의 얼굴에서 하나님의 얼굴을 보게 되는 기적이 일어났다. 야곱에게 큰 평안이 주어졌다. 구원의 은총이 주는 감격이 여기에 있다. 하나님의 얼굴 앞에 설 때, 하나님의 임재가 속내를 비출 때 삶은 평안을 담는 그릇이 된다. 그렇다. 구원은 불안에서 평안으로 가는 은총이다. 구원은 회복이다. 구원은 평안이다. 구원은 샬롬이다.

시편 42편에는 후렴구에 해당하는 고백이 두 번 나온다.

내 영혼아 네가 어찌하여 낙심하며 어찌하여 내 속에서 불안해하는가 너는 하나님께 소망을 두라 그가 나타나 도우심으로 시편 42편 5절에서 시인이 말을 걸고 있는 상대는 시인의 영혼이다. 사람의 자아를 '얼나'(정신적, 감정적 자아)와 '몸나'(신체적 자아)로 구분한다면, 이 시에서 시인이 상대하는 대상은 '얼나'다. '몸나'는 두려워하더라도 '얼나'는 두려워하지 말아야 한다는 다짐이 시편 42편의 후렴구에 새겨져 있다. 이 시구에서 '불안해하다'는 '낙심하다'의 동의어다.

우리말 낙심(落心)의 '떨어질 낙(落)' '마음 심(心)'은 히브리어 동사 '샤학흐'(제풀에 꺾여 아래를 내려다보다, 시 42:5a)에 걸맞다. 마음(心)이 몰락(落)한 현상이 불안이다. 불안해한다는 것은 아래를 내려다보면서 속으로 불편해하는 상태다. 이런 상태를 극복하고 평안을 이루기 위해서는 위를 바라보아야 한다. 하나님께 소망을 두어야 한다. 하나님을 찬양해야 한다. '몸나'는 하나님의 얼굴을 뵙지 못한다고 느끼기에 속으로 불안해하지만, '얼나'는 하나님의 얼굴이 나타나 도우실 것을 기대하기에 찬양하게 된다.

평안을 누리는 삶은 살림으로 가는 길이다. 불안에 매여 있는 삶은 죽음에 이르는 길이다. 우리말 '살다'는 아주 동적이다. '살다'의 'ㄹ' 받침은 굴러가고 흘러가는 것을 표현하는 의성어에 가깝다. 물이 졸졸 흐른다고 하지 않는가? 이런 삶을 누리기 위해서는 하나님께 소망을 두어야 한다. 불안은 절망에서 죽음으로 가는 길이다. '죽음'에 붙어 있는 'ㄱ' 받침이 폐쇄음인 것은 우연이 아니다. 소리가 막혀 있다. 소리가 끊어지게 된다. 평안은 살림의 무늬이지만, 불안은 죽음의 무늬다. 평안으로 불안을 이기는 하나님 신앙의 문양을 세상살이 속에 그려야 한다. 그것이 바로 평안을 누리는 처방이다.

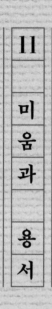

11

미움과

용서

용서는 우리 사회를

치유하는 영적 처방전이다

'미움'이란 글자

구약에서 '미워하다'나 '미워하기'는 시편 탄원시의 소재
다. 탄원시에 수록된 '대적'을 향한 분노에는 구약이 말하는
미움의 정체가 담겨 있다. 그 미움을 시편의 탄원시는 '저주하
다'로 나타냈다. 가령 저주시라고도 불리는 시편 109편은, 한
편에서는 하나님의 구원을 빌면서도, 다른 한편에서는 대적
을 향한 저주를 거침없이 쏟아낸다. 거기에는 용서를 비는 마
음이란 전혀 존재하지 않는다. "그의 연수를 짧게 하시며 그의
직분을 타인이 빼앗게 하시며 그의 자녀는 고아가 되고 그의
아내는 과부가 되며 그의 자녀들은 유리하며 구걸하고 그들
의 황폐한 집을 떠나 빌어먹게 하소서"(시 109:8-10)라고 외칠 뿐
이다.

탄원시의 어법은 구약의 동태복수법(同態復讐法)을 닮았다.
'생명은 생명으로, 눈은 눈으로, 이는 이로, 발은 발로, 덴 것은
덴 것으로, 상하게 한 것은 상함으로, 때린 것은 때림으로 갚
을지니라'(출 21:23-25)에는 미움으로 점철된 사회에서 살아가던
자들을 위한 생존의 원칙이 들어 있다. 보기에 따라서 동태복
수법은 보복을 부추기기보다는 보복을 제한하는 수단으로 읽
을 수 있다. 보상의 원칙을 정하는 기준이 되기도 한다. 그러
나 동태복수법에는 미움의 사슬만 있을 뿐 가해자에 대한 용

서나 사면은 존재하지 않는다.

구약에서 '미워하다'는 주로 '사탐'(שטם)이나 '사네'(שנא)라는 히브리어로 표기된다.[40] 둘 중 주로 쓰이는 말은 '사네'다. 히브리어 동사 '사네'는 시기나 질투를 품은 마음이나 악한 자를 향한 적대감 등을 나타낸다. 아버지의 사랑을 독차지한 요셉을 향해 '그들(요셉의 형제들)은 그(요셉)를 미워하였다'(봐이이스네 우 오토, 창 37:4)가 질투에서 비롯된 '사네'의 단적인 경우다.

'사네'의 용례는 그 폭이 넓다. 레아가 "여호와께서 내가 사랑받지 못함을 들으셨도다"(창 29:33)라고 외칠 때 '사랑받지 못했다'라는 말은 히브리어로 '내가 미움을 받았다'(키-세누아 아노키, I was hated)가 된다. 압살롬은 그의 누이 다말을 "욕되게 한" 암논을 미워했다(키 사네 아브살롬 에트-암논, 삼하 13:22).

또 "매를 아끼는 자는 그의 자식을 미워함이라"(잠 13:24)나 가데스바네아에서 가나안 땅을 살피고 돌아온 정탐꾼들이 부르짖었던 말인 "여호와께서 우리를 미워하시므로 아모리 족속의 손에 넘겨 멸하시려고 우리를 애굽 땅에서 인도하여 내셨도다"(신 1:27)도 '사네' 동사의 용례에 속한다. 선견자 예후가 여호사밧을 규탄할 때 했던 말, "왕이 악한 자를 돕고 여호와를 미워하는 자들을 사랑하는 것이 옳으니이까"(대하 19:2)나 "의인을 미워하는 자는 벌을 받으리로다"(시 34:21) 한 시인의 말에도 히브리어 동사 '사네'가 담겼다.

히브리어 '사네'가 수동적이라면 '사탐'은 능동적이다. '사네'는 '님'을 '남'으로 대하는 마음이지만, '사탐'은 상처를 받아 분노가 응어리진 마음을 가리킨다. 히브리어 동사 '사탐'에는 '원한을 품다' '증오·적의를 품다'라는 뜻이 있다. 이 글자를 우리말 성경은 "적개심을 가지다"(창 49:23) "적대시하다"(욥 16:9) "대적하다"(욥 30:21) "노하여 핍박하다"(시 55:3)로 옮겼다.

BDB 사전에 따르면 구약에서 '사탐'이란 말로 상처받은 마음을 지칭하는 용례로 두드러진 구절은 두 곳이다.[41] 하나는 에서·야곱의 경우이고(창 27:41), 다른 하나는 요셉의 형·요셉의 경우다(창 50:15). '에서는 야곱을 미워하였고', 요셉의 형제들은 그들의 아버지가 죽은 후 "요셉이 혹시 우리를 미워하여 우리가 그에게 행한 모든 악을 다 갚지나 아니할까"(창 50:15) 하고 두려워하였다.

'용서'라는 낱말

우리말 용서(容恕)는 '얼굴 용(容)'과 '헤아려 동정할 서(恕)'로 '지은 죄나 잘못을 벌하지 않고 덮어 준다'는 뜻이다. '헤아려 동정할 서(恕)' 또는 '용서할 서(恕)'에는 '같을 여(如)'와 '마음 심(心)'자가 들어 있다. 용서는 잘못을 저지른 상대와 같은 마음을 품을 때 이루어진다는 뜻이다. 이성과 직관으로 판단한 미움과는 달리 용서는 감성과 감정으로 헤아린 낱말이다. 이런 용서가 구약에서는 주로 죄와 허물을 씻어 준다거나 덮어 준다거나 없애 준다는 의미로 쓰인다.

구약에서 '용서하다'에 해당하는 히브리어 동사는 '나사'(נשא) '살라흐'(סלח) '카파르'(כפר) '카사'(כסה)'다.[42] 이 네 동사는 다 죄와 허물의 용서를 가리킨다(삼상 15:24-25; 25:28). 잘못된 짓에는 마땅히 벌이 따르지만, 그 벌의 탕감이 이루어졌을 경우, 그것을 가리켜 용서라고 불렀다. 그 단적인 경우가 요셉의 형들이 요셉에게 용서를 빌고자 했던 말이다. "너희는 이같이 요셉에게 이르라 네 형들이 네게 악을 행하였을지라도 이제 바라건대 그들의 허물과 죄를 용서하라 하셨나니 당신 아버지의 하나님의 종들인 우리 죄를 이제 용서하소서 하매 요셉이 그들이 그에게 하는 말을 들을 때에 울었더라"(창 50:17).

구약에서 '용서하다'는 말은 죄 씻음이나 구원과도 직결된다. "그가 네 모든 죄악을 사하시며(살라흐) 네 모든 병을 고치시며"(시 103:3)나 "주의 종과 주의 백성 이스라엘이 이곳을 향하여 기도할 때에 주는 그 간구함을 들으시되 주께서 계신 곳 하늘에서 들으시고 들으시사 사하여(살라흐) 주옵소서"(왕상 8:30)가 그런 점을 잘 드러낸다. 구약의 용서에는 허물을 덮어 둔다는 뜻도 있다. "우리 구원의 하나님이여… 우리를 건지시며 우리 죄를 사하소서(카파르)"(시 79:9, 참조 시 65:3)나 "허물을 덮어 주는(카파르) 자는 사랑을 구하는 자"(잠 17:9)라는 말이 거기에 속한다.

용서에 관한 성서적·성서학적·신학적 설명은 많다. 성경 말씀의 진리가 사랑과 용서에 닿아 있기 때문이다. 반면, 미움에 관한 성서적·성서학적·신학적 설명은 드물다. 미움이나 미워하기는 용서와 사랑을 지향하는 신앙적 가치와 거리가 멀기 때문이다. 우리는 미움에 관한 이해나 용서에 대한 설명을 각각 하기보다는 미움과 용서를 한 쌍의 주제로 삼아 살피려고 한다. 미움은 사람들이 부대끼며 살아가는 삶의 현상을 대변하지만, 용서는 하나님의 사람이 이루어 가야만 하는 삶의 현실을 가리킨다.

우리 삶의 현장은, 존 골딩게이의 말로 하면 삼차원이다. "하나님과 함께하는 삶"(Living with God) "공동체(이웃)와 함께하는 삶"(Living with One Another) "자기 자아와 함께하는 삶"(Living with Ourselves)이 그것이다.[43] 하나님과 함께 살아가는 자에게 요청

되는 것이 신앙이라면, 자기 자신과 살아가기에 필요한 것은 영성(spirituality)이고, 이웃과 더불어 살아가는 자에게 요구되는 것은 그리스도인의 윤리다. 즉 미움에서 용서로 나가는 길은 그리스도인이 수행해야 할 윤리적 삶의 표본이다. 그 표본에 대한 해석을 구약의 이름으로 수행할 때 두드러지는 사례가 야곱과 에서의 이야기다.

고대 서아시아나 옛 이스라엘의 삶의 현장에서는 용서의 실천이 없었다. 미움을 당한 피해자가 미워하기의 가해자를 용서하는 이야기에는 기독교 신앙의 가치가 담겨 있다. 피해자가 가해자를 용서하게 된다는 점에서 창세기 25-33장의 에서·야곱의 이야기는 우리의 주목을 끈다. 창세기 37-50장에도 요셉과 요셉의 형들이 주고받은 미움과 용서가 나오지만, 경우가 약간 다르다. 요셉은 피해자이기는 했으나 형들을 미워하지 않았다. 요셉의 형들이 요셉에게 용서를 빌었지만(창 50:15-17), 그들은 어디까지나 가해자였다.

왜 미워하였는가?[44)]

야곱이 에서를 왜 미워하였는가? 아니, 에서가 야곱을 왜 미워하였는가? 이 물음에 관한 답을 얻으려면 옛 이스라엘의 풍속으로 거슬러 올라가야 한다. 구약에서 맏아들은 지위와 권리에서 다른 자식들보다 앞선다. 맏아들은 아버지의 유산을 다른 아들들보다 두 배 더 챙기는 지위를 지녔다. 맏아들이란 자리는 그만큼 영예스럽다(창 43:33). 하나님과 맺는 관계도 다른 형제들보다 특별하다. 맏아들은 하나님의 소유다(출 13:12-15; 34:20; 민 18:15). 태어난 지 삼십 일이 되는 날 맏아들을 하나님께 드리는 유대인들의 '피디온 하–벤'(פדיון הבן, 참조 출 13:12) 의식도 그런 정서를 보여 준다. 이스라엘은 하나님의 맏아들이다(출 4:22). 하늘과 땅을 지으신 하나님의 특별한 소유가 다름 아닌 이스라엘이다.

문제는 야곱이 에서를 제쳤다(?)는 사실이다. 태어난 순서로 보면 야곱은 에서의 동생이지만, 아브라함과 이삭의 대를 잇는 자리에서는 야곱이 에서보다 앞섰다. 미움과 용서라는 주제에서 이삭의 가족사를 들여다보면 거기에는 자식들 사이에서 일어난 갈등과 긴장이 있다. 야곱이 에서와 힘겨루기를 하였다는 것이다. 미워하기의 단초가 여기에 있었다.

리브가가 임신을 했다. 쌍둥이를 뱄다. 그토록 기다린 임신이었건만, 리브가의 배는 편안하지 못했다. 태어날 두 형제가 어머니 리브가의 뱃속에서 서로 힘겨루기를 했기 때문이다. '(쌍둥이들이) 태 안에서 서로 싸웠다'(봐이이트로차추 합바님 베키르바, 창 25:22) 하지 않았는가! 어머니의 '태 안에서'(베키르바) '서로 싸웠다'(봐이이트로차추)라는 것이다. 그렇다. 그것은 모래판에서 벌어지는 씨름 싸움처럼 서로를 제압하려고 힘겨루기를 했다는 것이다. 두 형제는 어머니 뱃속에서부터 서로 미워했다. 그래서 리브가는 배를 움켜잡고 열 달 동안 내내 괴로워했다.

에서와 야곱이 서로 '싸웠다'는 것을 눈여겨보아야 한다. 왜 에서와 야곱은 서로 미워했을까? 누가 먼저 세상 구경을 하게 될지를 놓고 에서와 야곱이 서로 밀고 당겼다는 뜻일까? 이 물음을 리브가가 하나님께 여쭈었다. 그런데 그 물음에 대한 하나님의 응답이 뜻밖이다.

여호와께서 그에게 이르시되 두 국민이 네 태중에 있구나 두 민족이 네 복중에서부터 나누이리라 이 족속이 저 족속보다 강하겠고 큰 자가 어린 자를 섬기리라 하셨더라 창 25:23

두 민족이, 두 국민이, 두 나라가 리브가의 뱃속에서 쌍태로 들어 있다는 것이다. 한 태에서 난 형제가 둘로 갈라지게 된다는 것이다. 형 된 자가 동생 된 자를 섬기게 된다는 것이다. 같은 배에서 태어난 두 민족이 큰 자와 어린 자로 나뉘어 서로 미워하게 된다는 것이다.

달이 차서 쌍둥이가 태어났다. 털투성이의 붉은 형은 에서가 되었고, 발뒤꿈치를 붙잡고 나온 동생은 야곱이 되었다. 에서는 '붉다'는 뜻이고, 야곱(야아코브)은 '발뒤꿈치(아케브)를 잡은 자'란 뜻이다. 두 이름 다 태어날 때의 생김새에다 붙인 이름이다. 에서는 붉다(에돔)는 뜻으로 온몸이 털로 뒤덮여 있었다. 야곱은 형의 발뒤꿈치를 손을 죽 뻗어 붙잡고 나왔다. 야곱이란 이름씨 자체는 그리 달갑지 않다. 그렇지만, 야곱이란 이름에는 '야곱 엘'(야-아-쿠-우브-엘, 하나님이여 보호하소서)이란 원래 뜻이 새겨져 있다고도 보는 시각이 있음을 간과해서는 안 된다(참조 신 33:28-29).[45]

에서와 야곱 두 이름씨에는 각각 풍자가 있다. 지구상에 있는 193종의 유인원 가운데 192종은 온몸이 털로 덮여 있다. 단 하나 호모 사피엔스(Homo sapiens)만이, 영국의 동물학자 데스먼드 모리스(Desmond Morris)의 말을 빌리면, '털 없는 원숭이'(The Naked Ape)다.[46] 에서의 몸이 털투성이였기에, 모리스의 말대로라면, 에서는 호모 사피엔스가 되기에는 좀 덜 된(?) 사람이었다. 어쩌면 야곱이 에서의 그런 모자람(?)을 일찍부터 간파했는지도 모른다. 야곱이 태어날 때 형의 발뒤꿈치(아케브)를 잡고 나왔다고 해서 야곱의 이름이 '발뒤꿈치를 잡은 자'(야아코브)라고 불린 것은 우연이 아니다. 미움의 원인은 여기에 있었다. 태어나기는 에서가 야곱보다 앞섰지만, 태어나는 과정에서 에서와 야곱의 처지가 잡히는 자와 잡는 자로 뒤바뀐 것이다.

어떻게 미워하였는가?

구약에서 미워하기는 한 개인의 심사를 드러내는 말로 그치지 않는다. 구약의 미워하기에는 공동체적 성격이 있다. 패 가르기를 했다는 것이다. 미워하기의 원인이 힘겨루기였다면, 미워하기의 속내는 패 가르기였다. 아버지 이삭과 큰아들 에서가, 어머니 리브가와 작은아들 야곱이 각각 한패가 되어 서로 갈라서면서 이삭 가정은 갈등과 대립의 날 위에 서게 된다. 아이들 싸움이 어른 싸움이 된 격이다.

> 그 아이들이 장성하매 에서는 익숙한 사냥꾼이었으므로 들사람이 되고 야곱은 조용한 사람이었으므로 장막에 거주하니 이삭은 에서가 사냥한 고기를 좋아하므로 그를 사랑하고 리브가는 야곱을 사랑하였더라 창 25:27-28

에서는 날쌘 사냥꾼, 들에 사는 사람이 되었다. 에서는 '사냥이 무엇인지를 아는 사람'(이쉬 요데아 차이드)이 되었다. 야곱은 '차분한 사람이어서 집 안에 늘 머무는' '주로 집에서 지내기에 차분한 사람'(봐야아코브 이쉬 탐 요세브 오할림)이 되었다. 에서와 야곱은 쌍둥이였으면서도 성격이 정반대다. 문제는 아버지는 에서를 사랑했고, 어머니는 야곱을 사랑했다는 것이다. 이삭은 '들사람 사냥꾼'에서를, 리브가는 '새침데기'(?) 야곱을 편애(偏愛)했다. 에서와 야곱의 미움이 본격적인 싸움의 장에 들어선 것이다.

창세기 이야기에서 리브가는 독자적인 개성을 지닌다. 그 아버지가 리브가에게 하란 땅을 떠나 먼 가나안 땅으로 시집가겠느냐고 물었을 때 리브가는 주저 없이 그 자리를 박차고 일어나 가나안으로 가는 여정에 몸을 실었다(창 24:57-58). 리브가의 적극적인 성품에 이삭이나 야곱은 말없이 따랐다. 에서는 달랐다. 들에서 뛰놀며 사냥꾼의 길을 가던 에서는 집 안으로 불러들이는 어머니의 말을 듣지 않았다. 어머니의 간섭보다 들의 자유가 더 좋았다. 어머니의 지나침은 늘 부작용을 일으킨다. 어머니의 사랑을 받지 못한 에서는 또 다른 미움에 붙들려 있었다. 어머니의 사랑에서 멀어져 있었기에 에서의 성품은 자기도 모르는 사이 누군가를 미워하는 사람이 되었다.

아버지, 어머니의 편애는 야곱이 에서의 권리를 교활하게 가로채는 두 가지 시빗거리를 낳았다. 하나는 에서가 갖고 있던 장자의 권리를 야곱이 팥죽 한 그릇으로 가로챈 일이고, 다른 하나는 에서가 누려야 할 장자의 축복을 야곱이 기묘한 위장술로 가로챈 일이다.

야곱이 이르되 형의 장자의 명분을 오늘 내게 팔라 에서가 이

르되 내가 죽게 되었으니 이 장자의 명분이 내게 무엇이 유익
하리요 야곱이 이르되 오늘 내게 맹세하라 에서가 맹세하고
장자의 명분을 야곱에게 판지라 창 25:31-33

맏아들의 권리를 팔겠다고 설치는 에서나 그것을 사겠다
고 뇌까리는 야곱이나 잘못되기는 매한가지다. 야곱은 자기
지위가 태어남의 순서에서 형보다 낮다고 해서 붉은 죽 한 그
릇으로 맏아들의 권리를 사서 챙기려 했다. 우리말 '나쁘다'가
'낮+브+다'(높지 않다)에서 왔다는 풀이가 여기에 딱 맞는다. 야
곱은 태어남의 순서를 가지고 인생 가치의 높낮이를 평가하
려고 덤볐다.

맏아들의 지위란 돈 받고 사고팔 수 있는 것이 아니다. 오
죽했으면 맏아들의 권리를 사거나 빼앗는 일을 율법으로 금
지시켰을까(신 21:15-17). 하지만 에서는 자신이 가진 맏아들의
권리를 물물교환식으로 야곱에게 넘겨 버렸다. 야곱의 도전
은 이삭의 생애 마지막에 리브가의 도움으로 에서 몫의 유언
(축복)을 가로채는 일로 극대화되었다(창 27:1-40). 그 일로 야곱을
향한 에서의 미움이 화로 폭발하였다.

그의 아버지가 야곱에게 축복한 그 축복으로 말미암아 에서가
야곱을 미워하여 심중에 이르기를 아버지를 곡할 때가 가까웠

은즉 내가 내 아우 야곱을 죽이리라 하였더니 맏아들 에서의 이 말이 리브가에게 들리매 이에 사람을 보내어 작은아들 야곱을 불러 그에게 이르되 네 형 에서가 너를 죽여 그 한을 풀려 하니 내 아들아 내 말을 따라 일어나 하란으로 가서 내 오라버니 라반에게로 피신하여 네 형의 노가 풀리기까지 몇 날 동안 그와 함께 거주하라 창 27:41-44

"내가 내 아우 야곱을 죽이리라." 미움의 동의어는 여러 개다. 분노, 노여움, 원망, 원통, 분개, 치욕. 야곱을 향한 에서의 분노는 이런 말로도 다 설명할 수 없었다. 에서의 그 분노를 리브가가 간파했다. "네 형 에서가 너를 죽여 그 한(恨)을 풀려고 한다!" 미움이 자라서 싸움이 되고, 싸움이 자라서 분노가 되며, 분노가 자라서 원한이 되었다. 미움은 치유되지 않으면 안 된다. 그때 리브가가 제안한 처방은 야곱을 먼 하란 땅으로 피신시키는 것이었다. 끓어오르는 미움(殺氣)을 내뿜는 에서가 아닌, 에서의 마음에 극심한 상처를 준 야곱을 잠시 먼 땅으로 도피시키는 것으로 그친 것이다.

어떻게 용서하였는가?

이제부터 가해자 야곱과 피해자 에서 이야기는 미움에서 용서로 가는 길로 접어든다. 지금까지 하나님은 가해자 야곱에 대해서 아무런 말씀도 하지 않으셨다. 야곱에 관해서만 아무 말씀하시지 않은 게 아니라 아예 야곱에게 아무런 말도 걸지 않으셨다. 야곱을 향한 하나님의 말씀이 침묵하고 있다는 것은 야곱에 대한 하나님의 평가를 소개하는 창세기의 방식이다. 하나님은 야곱이 야망의 드라마를 쓰고 있을 때 그저 보고만 계셨다. 그가 도망자가 되어, 거리의 노숙자가 되어, 낯선 땅에서 땀 흘리며 생존하는 목자가 되어 하나님을 찾을 때까지 그저 기다리셨다. 야곱이 하나님을 기억하게 될 때부터 창세기 이야기는 '야곱의 하나님'에서 '하나님의 야곱'을 전하는 수순을 밟는다.

야곱은 거리의 노숙자가 되어서야 비로소 하나님을 만났다(창 28:10-22). 하란 땅 삼촌의 집에서 더부살이하고 있을 때 자기는 하나님을 대신할 수 없다고 깨달았다(창 30:2). 야곱이 "이십 년"(창 31:38, 41) 하란살이를 청산하게 된 것도 하나님이 그에게 "네 조상의 땅으로 돌아가라"고 말씀하셨기 때문이다(창 31:3). 야곱이 하란 땅 라반의 집을 떠나면서 외친 말은 그런 변화의 새 장(場)이다.

우리 아버지의 하나님, 아브라함의 하나님 곧 이삭이 경외하는 이가 나와 함께 계시지 아니하셨더라면 외삼촌께서 이제 나를 빈손으로 돌려보내셨으리이다마는 하나님이 내 고난과 내 손의 수고를 보시고 어제 밤에 외삼촌을 책망하셨나이다

창 31:42

마침내 야곱이 하나님을 붙들고 있다. 하나님 없이 살던 지나간 날을 뒤로하고 하나님과 함께 사는 새 시대를 연다. 이런 야곱의 외침은 얍복 나루터에서 새로워지게 될 야곱 이야기의 예고편이다. 야곱은 얍복 나루터에서 '이스라엘'이라는 존재로 거듭난 뒤에야 브니엘(하나님의 얼굴)의 아침을 맞이할 수 있었다(창 32:30-31).

에서는 에서대로, 야곱은 야곱대로 각각 자기 식으로 세상을 헤쳐 나갔다. 둘은 쌍둥이였지만 부모의 편애로 각각 외톨이가 되고 말았다. 어버이의 신앙과는 동떨어진 채 지내고 있었다. 그렇게 외톨이가 되었던 쌍둥이가 자기 자신과, 자기 형제와, 자기 하나님과 함께 사는 법을 받아들이기까지는 시간이 걸렸다. 야곱과 에서가 서로 화해하기까지는 인생살이의 쓰라림이라는 치료요법(therapy)을 거치지 않으면 안 되었다. 그 치료요법이 효과를 보기까지 걸린 시간이 20년이었다. 그 기간이 차자 야곱과 에서가 극적으로 상봉한다.

야곱이… 그들 앞에서… 몸을 일곱 번 땅에 굽히며 그의 형 에서에게 가까이 가니 에서가 달려와서 그를 맞이하여 안고 목을 어긋 맞추어 그와 입 맞추고 서로 우니라… 에서가 이르되 내 동생아 내게 있는 것이 족하니 네 소유는 네게 두라 야곱이 이르되 그렇지 아니하니이다 내가 형님의 눈앞에서 은혜를 입었사오면 청하건대 내 손에서 이 예물을 받으소서 내가 형님의 얼굴을 뵈온즉 하나님의 얼굴을 본 것 같사오며 형님도 나를 기뻐하심이니이다 창 33:1, 3-4, 9-10

보기는 야곱이 먼저 보았다. 그러나 "달려와서" 야곱을 맞이한 자는 에서다. 에서가 야곱을 맞이하여 목을 어긋 맞추어 입을 맞추자 에서와 야곱이 서로 울었다. 에서의 입에서 "내 동생"이란 말이, 야곱의 입에서 "형님"이란 말이 터져 나왔다. "내가 형님의 얼굴을 뵈온즉 하나님의 얼굴을 본 것 같습니다!" 마침내 에서와 야곱이 서로 뜨겁게 만났다. 서로 용서하였다.

야곱이 하란에서 지내던 20년 동안 하나님은 에서도 그냥 내버려두지 않으셨다. 에서가 야곱을 향해 달려오더니 야곱을 두 팔로 안으면서 "내 동생 야곱"이라고 성큼 부르지 않았는가. 하나님은 피해자 에서를 하나님의 사람으로 다듬으셨다. 가해자 야곱도 하나님의 사람으로 다듬으셨다. 에서도 에돔 부족의 족장이 되게 하셨다(창 36장). 이삭이 죽었을 때 "그 아들 에서와 야곱이" 함께 이삭을 장사하였다(창 35:29). 용서가 있기 전에 먼저 하나님의 은혜가 있었다. 용서하는 자가 누리는 은혜가 여기에 있다. 미움으로 갈라서고 말았던 관계가 회복되었다. '님'을 '남'으로 대하던 이기심을 용서가 치유하면서 '남'이 '님'으로 회복되는 감격을 누리게 되었다.

창세기에 담긴 에서·야곱 이야기는 서로 갈등하고 반목하던 야곱과 에서가 마침내 이룬 화해를 통해서 이스라엘 역사의 소망이 어디에 있는지를 넌지시 제시한다. 미움이 해답이 아니다. 갈등이 정답이 아니다. 싸움이 대답이 아니다. 해답은 용서다. 정답은 화해다. 대답은 '이토록 뜨거운 만남'이다. 야곱과 에서, 에서와 야곱이 마침내 이루어 낸 용서는 미움과 반목과 갈등을 거듭하는 오늘날 우리 사회를 향해서도 소중한 지침이자 우리 사회를 치유하는 영적인 처방전이 된다.

12
풍
요
와
가
난

삶의 좌표가

어디쯤인지를 되새기게 하는 그래프

풍요와 가난, 그 사전적 의미

우리말에서 '풍요'(豐饒)는 '풍성할 풍(豐)' '넉넉할 요(饒)'로 '넉넉하다, 너그럽다, 많다, 더하다'라는 뜻이다. 우리말 가난은 한자어 '간난'(艱難)에서 동음 종성 'ㄴ'이 생략된 형태로 '생활이 힘들고 괴롭고 어렵다'라는 뜻이다. 가난의 본딧말, '어려울 간(艱)' '어려울 난(難)'은 다른 말로 '빈곤'(貧困)이다. 풍요와 가난은 서로 상대적인 개념이다. 글자 그대로만 보면 풍요는 '넘치는'(플러스) 상태를, 가난은 '없는, 부족한'(마이너스) 상태를 가리키지만, 그렇게 볼 수만은 없다. 풍요와 가난이란 각각 '~에 비하면, 누군가와 비교하면' '넘친다거나' '모자란' 상태를 가리키기 때문이다. '상대적 빈곤'이란 말도 있지 않은가.

구약에서 풍요는 하나님이 주신 복을 가리키는 이디오그램(ideogram)이다. 구약에서 복은 전적으로 하나님의 은총이다(창 24:35). 하나님을 경외하는 자에게 주시는 하늘의 선물이 풍요다(시 112:1-2). 한때 청빈(淸貧)에 맞선 청부(淸富, 깨끗한 부자)란 말이 회자한 적이 있지만, 거기에는 부자나 부유함에 대한 부정적인 선이해가 도사리고 있다. 그러나 구약은 부유함, 풍부함, 풍요에 관하여 무조건 부정적으로 대하지 않는다.

구약에서 풍요에 해당하는 히브리어 낱말은 '혼'(הון) '하일'(חיל) '카보드'(כבוד) '오셰르'(עשׁר)다.[47] 히브리어에 익숙한 사람이라면 눈치챘겠지만 '풍요'에 꼭 들어맞는 구약의 글자를 우리말 성경에서 찾기란 쉽지 않다. 예컨대 히브리어 '하일'은 풍요함이기 전에 '힘'이고, '카보드'는 풍성함이기 전에 '영광'이다.

히브리어 '혼, 하일, 카보드, 오셰르' 등은 모두 문자적으로는 '풍요'라기보다 '재물'을 가리킨다(창 31:1, 16; 34:29; 신 8:17; 잠 11:4; 14:24; 사 61:6). 히브리어 '혼'의 경우, 보화(잠 1:13)나 부(시 112:3)로 옮겨지기도 하지만, 그 보화나 부가 반드시 풍요를 지칭하지는 않는다. 풍요에 부(富)가 속하기는 하지만, 부가 곧 풍요는 아니다. 풍요의 속성이 사회적이거나 공동체적이라면, 부유는 개인적이거나 사사로운 지평에 속한다. 구약에 풍요가 없다는 소리가 아니다. '풍년'(창 41:30, 35), '풍부'(창 13:2; 30:43; 시 37:11; 52:7; 사 60:5 등), '풍성'(창 27:28; 대상 29:21; 시 5:7; 72:7; 86:15; 사 33:6 등) 등 풍요와 관련된 이야기들이 적지 않게 쏟아진다. 우리말 성경에서 구약의 풍요는 '세 개의 풍(豊)'(풍년, 풍부, 풍성)에 담겨 있다.

구약에서 가난은 히브리어 동사 '루쉬'(ฒ기)나 그의 변형 '리쉬·레쉬'(ฒ기)로 표현된다.[48] 히브리어 '루쉬·리쉬·레쉬'가 반드시 경제적인 처지가 궁핍한 상태를 가리키는 것은 아니다. 사회적으로 천대받거나 연약한 처지에 속한 사람을 가리킬 때도 이 말이 사용된다. "다윗이 이르되 왕의 사위 되는 것을 너희는 작은 일로 보느냐 나는 가난하고 천한 사람이라…"(삼상 18:23)가 그 대표적인 경우다.

구약에서 가난을 판단하는 시각은 셋이다. 하나는 하나님의 말씀을 따르지 않은 자가 맞이하게 될 처지이고, 다른 하나는 개인적으로 게으름이나 지혜 없음의 결과이며, 나머지 하나는 억압받는 사회구조 속에서 어쩔 수 없이 당하게 된 경우다.

"네가 만일 네 하나님 여호와의 말씀만 듣고 내가 오늘 네게 내리는 그 명령을 다 지켜 행하면 네 하나님 여호와께서 네게 기업으로 주신 땅에서 네가 반드시 복을 받으리니 너희 중에 가난한 자가 없으리라"(신 15:4-5)가 첫 번째 경우라면, "손을 게으르게 놀리는 자는 가난하게 되고 손이 부지런한 자는 부하게 되느니라"(잠 10:4)나 "자기의 토지를 경작하는 자는 먹을 것이 많으려니와 방탕을 따르는 자는 궁핍함이 많으리라"(잠 28:19)는 두 번째 경우이고, "사마리아의 산에 있는 바산의 암소들아 이 말을 들으라 너희는 힘 없는 자를 학대하며 가난한 자를 압제하며 가장에게 이르기를 술을 가져다가 우리로 마시게 하라 하는도다"(암 4:1)는 세 번째 경우다. 즉 구약에서 가난은 그 상태를 하나님과의 관계에서, 개인의 성품이라는 차원에서, 사회의 구조적 악이라는 차원에서 들여다보게 한다.

풍요와 가난

구약에는 부유한 자에 관한 이야기보다는 가난한 자에 관한 이야기가 더 많다. 빈부격차가 빛과 그림자로 나뉘는 사회 속에서 하나님은 의도적으로 가난한 자의 편에 서신다. 특히 구약의 예언자들은 가난의 원인을 바르지 못하고, 옳지 못하고, 나누지 못하는 사회 탓으로 꼬집고 있다.

구약에서 풍요와 가난을 대조하여 풀이하는 대표적인 글말은 신명기다. 신명기에서 풍요는 가난의 반대말로, 가난은 풍요의 대칭어로 제시된다. 모세의 토라의 맺음말인 신명기에서는 풍요나 가난은 사람이 획득하거나 차지하는 대상이 아니다. 그것은 어디까지나 하나님 신앙의 신실함과 신실하지 못함의 결과로 주어진다. 신명기가 말하는 풍요와 가난은 자본주의 사회의 명암에 해당하는 풍요와 가난을 신학적으로 되새김질하도록 돕는다. 신명기적 인과응보 사상에서 전형적으로 거론되는 사색이 풍요와 가난의 이분법이다.

네가 네 하나님 여호와의 말씀을 청종하면 이 모든 복이 네게 임하며 네게 이르리니 성읍에서도 복을 받고 들에서도 복을 받을 것이며 네 몸의 자녀와 네 토지의 소산과 네 짐승의 새끼와 소와 양의 새끼가 복을 받을 것이며 네 광주리와 떡 반죽 그릇이 복을 받을 것이며 네가 들어와도 복을 받고 나가도 복을 받을 것이니라… 네가 악을 행하여 그를 잊으므로 네 손으로 하는 모든 일에 여호와께서 저주와 혼란과 책망을 내리사 망하며 속히 파멸하게 하실 것이며 여호와께서 네 몸에 염병이 들게 하사 네가 들어가 차지할 땅에서 마침내 너를 멸하실 것이며 여호와께서 폐병과 열병과 염증과 학질과 한재와 풍재와 썩는 재앙으로 너를 치시리니 이 재앙들이 너를 따라서 너를 진멸하게 할 것이라 신 28:2-6, 20-22

하나님의 말씀을 청종하는 자에게는 복(福)을, 하나님의 말씀에 청종하지 않는 자에게는 화(禍)를 하나님이 내리신다는 다짐을 어떻게 수용해야 할까? 이 약속과 경고는, 신명기 12-26장의 맥락에서는, 말씀하시는 하나님과 말씀을 듣는 이스라엘 사이가 언약 맺은 사이라는 점을 일깨워 주는 장치다.

겉으로 보기에 이 장치는 인과응보 방식이지만, 그렇다고 해서 그 인과응보에 담긴 소리를 곧장 율법주의로 단정해서는 안 된다. 율법주의라기보다는 이스라엘의 과거 역사를 해석하는 원리로 보아야 한다. 좁게는 한 개인의 삶을, 넓게는 이스라엘 공동체의 생존을 하나님의 정의와 공의의 틀에서 반추(反芻)케 하는 원리가 거기에 담겨 있다.[49] 삶에서 누리거나 겪는 이런저런 감동과 아픔을 하나님 신앙의 도식에서 되

새겨 보려는 노력이라는 것이다. 거기에서 인생살이의 희노
애락은 삶의 스승이 된다.

위에서 살핀 신명기 28장 2-6절은 풍요를 복의 열매로, 복
의 내용을 농경 생활의 풍요로움으로 전한다. 반면 가난은 화
의 결과로, 화의 내용은 가난, 질병, 재앙으로 진단한다. 풍요
란 말이 사전적으로는 '~이 넘치는 상태', 가난은 '~이 없는
상태'를 가리키지만, 이 글자에 대한 신명기의 풀이는 하나님
의 말씀이 '있고 없음'의 엇갈림으로 평가한다. 풍요가 있기
전에, 소득·재산·재물 등이 있기 전에, 먼저 하나님 신앙의 풍
요가 있어야 한다는 소리다. 그 뜻을 새기게 하는 글자가 '복'
이다. 복은 하나님이 주신다. 복의 주체는 사람이 아니라 하나
님이시다. 이 '복'의 반대되는 자리에 '화'가 있다. 풍요가 하
나님이 주신 복의 결과라면, 가난은 하나님이 주시는 화의 결
과다.

신명기에서 가난은 소득·재산·재물 등이 없어서 당하는
빈(貧)한 상태가 아니라 하나님의 말씀을 귀담아듣지 않아서,
하나님을 향한 신실함이 없어서, 자초한 곤궁이다. 그런 점에
서 가난에 이르게 하는 '화'는 '사람이 내는 화(火)'가 아니라
'사람이 입는 화(禍)'다. 사람이 이룰 수 있는 차원이 아니라는
점에서 구약의 풍요는 전적으로 하나님의 은총이다. 사람이
자초한 뻔한 결과라는 점에서 구약의 가난은 전적으로 하나

님의 징계다. 생명과 죽음의 갈림길에서, 풍요와 가난의 갈림
길에서, 어느 쪽을 선택할 것인지는 순전히 사람의 몫이 된다
는 소리다. 그런 점에서 신명기가 지적하는 풍요와 가난은 삶
의 좌표가 어디쯤에 있는지를 되새기게 하는 그래프가 된다.

풍요 속의 가난

구약에서 풍요와 가난은 한 공동체의 건강을 판가름하는 잣대(barometer)이기도 하다. 구약에는 '풍요와 가난'보다는 '풍요 속의 가난'을 지적하는 글말이 참 많다. 배부른 자들 사이에 가난한 자가 존재하고 있는 현실을 심각한 사회현상으로 받아들인다. 그런 틀에서 구약은 풍요 속에 가난이 존재하게 된 현상을 공동체의 아픔이나 공동체의 과제로 수렴한다. 풍요와 가난을 공동체의 '샬롬'을 평가하는 기준으로 삼았다. 풍요와 가난이 병립하는 현상을 개인적인 지평에서 확인하기보다는 공동체의 과제로 간주했다.

상아 상에 누우며 침상에서 기지개 켜며 양 떼에서 어린 양과 우리에서 송아지를 잡아서 먹고 비파 소리에 맞추어 노래를 지절거리며 다윗처럼 자기를 위하여 악기를 제조하며 대접으로 포도주를 마시며 귀한 기름을 몸에 바르면서 요셉의 환난에 대하여는 근심하지 아니하는 자로다 암 6:4-6

아모스의 시대에는 상아 상에서 눕고 자는 자가 있던 반면, 신 한 켤레 값에 종의 처지로 팔리던 자가 있었다(암 2:6; 8:6). 우리에서 양과 송아지를 잡아먹으며 흥청거리는 자가 있던 반면, 입에 풀칠하기 위하여 자기 옷을 전당 잡혀야 하는 자가 있었다(암 2:8a). 풍악에 빠져 마시고 먹으며 몸치장에 바쁜 자들이 있던 반면, 찌꺼기 밀이라도 사서 먹어야 했던 자가 있었다(암 8:6). 속이는 자가 있었고 속임수인 줄 뻔히 알면서도 속임수에 넘어가는 자들이 있었다(암 8:4-5). 아모스는 그렇게 처량한 신세에 빠진 자들이 있는 현실을 '요셉의 환난'이라고 지적한다. 그런 현실이 주변에서 벌어지고 있는데도 아무런 걱정 근심 없이 버젓이 활개 치는 자들이 한 공동체 안에 존재하고 있는 현실을 아모스는 하나님의 이름으로 꼬집는다.

아모스 시대는 옛 이스라엘 사회에서 풍요를 만끽하던 시대였다. 여로보암 2세(주전 787-747년)가 오래도록 나라를 다스리면서 정치가 안정되고 경제가 크게 번영했다. 북왕국 이스라엘을 멸망시킨 앗수르 제국은 한 세대 뒤에 가서나 닥치므로 (주전 722년), 아모스 시대는 그야말로 '(권력을) 쥐고, (재물을) 가지고, (풍요를) 누리는' 자들이 득세하던 때였다. 문제는 빈부격차였다. 부유한 상류층은 점점 더 부패해졌고, 가난한 사람들은 점점 더 가난해지는 악순환에 빠져 있었다.

예컨대 높게 책정된 세금(암 5:11-12)이 가난한 사람들의 목을 죄고 있었다. 오죽했으면 "너희는 의인을 학대하며 뇌물을 받고 성문에서 가난한 자를 억울하게 하는 자로다"(암 5:12)라고 비난했을까. 아모스는 풍요 속에 가난이 있는 사회현상의 책임을 가난한 사람들을 착취하는 상류층에게 물었다(암 2:6-8; 3:9-10; 4:1; 6:1-7; 8:4-7). 아모스 자신도 예루살렘 남쪽 드고아에서 양을 치고 뽕나무를 가꾸던 사람이었기에(암 1:1; 7:14-15) 빼앗기고, 짓눌리고, 힘겨워하는 사람들의 아픔을 고스란히 자기 상처로 받아들였다. 그는 이스라엘 사회가 지닌 문제의 핵심을 '풍요 속의 가난'으로 진단했다. 이스라엘 공동체 안에 가난한 자들이 존재한다는 현실을 신앙 공동체의 아픔으로 받아들였다.

옛 이스라엘 사회는 부자와 가난한 자가 더불어 살아가는 현실을 모르지 않았다. 부자와 가난한 자가 서로 '갑을(甲乙) 관계'로 맺어지는 현실을 부정하지 않았다. "가난한 자와 부한 자가 함께 살거니와 그 모두를 지으신 이는 여호와시니라"(잠 22:2) 하지 않았는가. "부자는 가난한 자를 주관하고 빚진 자는 채주의 종이 되느니라"(잠 22:7) 하지 않았는가. 그렇지만 가난이 빚은 사회현상을 신앙의 이름으로 치료하는 노력의 들머리는 단연 신명기다.

당신들 가운데 가난한 사람이 없게 하십시오. 그러면 주 당신들의 하나님이 당신들에게 유산으로 주어 차지하게 하시는 땅에서 당신들이 참으로 복을 받을 것입니다 신 15:4, 새번역 땅에는 언제든지 가난한 자가 그치지 아니하겠으므로 내가 네게 명령하여 이르노니 너는 반드시 네 땅 안에 네 형제 중 곤란한 자와 궁핍한 자에게 네 손을 펼지니라 신 15:11

신명기 15장 1-11절은 가난한 자들을 적극적으로 구제하라고 지시한다. 가난한 자가 자기 주위에 있다면 필요한 만큼 넉넉하게 꾸어 주라고 말한다. 아무리 면제년이 가까이 다가왔어도 가난한 자들을 인색하게 대해서는 안 된다고 말한다. 한편으로는 가난한 사람이 주위에 없게 하라고 주문하면서도(신 15:4), 다른 한편으로는 '네 땅에 사는 네 형제 중 가난하고 궁핍한 자가 있다면 그에게 네 손을 펴라'라고 지시한다(신 15:11).

얼핏 보기에, 신명기 15장 4절과 11절 사이에는 모순이 있다. 그러나 이 두 구절 사이에는 절대빈곤(4절)과 상대빈곤(11절)의 차이가 있다고 보는 편이 본문 이해에 수월하다.[50] 신명기 15장 1-11절의 근본 취지는 절대 가난이 없는 사회이지만, 현실에서는 상대적으로 가난한 사람들이 존재할 수밖에 없다고 말하고 있다. 상대적 빈곤이란 세상 어디에나 존재한다는 것이다.

이런 현실을 어떻게 타파할 수 있을까? 신명기의 처방은 독자들의 감성(파토스)에 호소한다. 네 손을 펴라고 하지 않는가! 베풀고 나누는 일은 쉽지 않다. 이웃의 빚을 면제해 주거나 탕감하는 것은 어려운 일이다. 면제와 탕감은 머리(로고스)로는 실천할 수 없다.[51) 가슴(파토스)으로만 실천할 수 있다. 가슴이 움직여야, 마음이 움직여야, 빚지고 가난한 자들을 공동체의 연대감으로 품게 된다. 풍요 속의 가난을 치유하는 처방이 여기에 있다.

가난 속의 풍요

구약의 가르침을 하나님의 구원사로 정리할 때 이스라엘 신앙은 처음부터 '있고 없음의 문제'를 구원과 해방의 내용으로 되새김질하게 한다. 있어야 할 것은 구원의 은총에 관한 확신이고, 없어야 할 것은 구원의 은총을 누리는 자들의 이기심이다. 그 '없음'의 자리에 무엇이 있어야만 했는지를 파악하는 노력에서 구약이 말하는 풍요와 가난은 가난 속의 풍요를 조망하는 처방으로 이어진다. 그 대표적인 경우가 출애굽한 이스라엘이 광야에서 먹은 만나 이야기다.

> 이스라엘 자손이 그같이 하였더니 그 거둔 것이 많기도 하고 적기도 하나 오멜로 되어 본즉 많이 거둔 자도 남음이 없고 적게 거둔 자도 부족함이 없이 각 사람은 먹을 만큼만 거두었더라 출 16:17-18

만나는 광야에서 먹은 양식이다. 광야는 '삼무'(三無)의 현장이다. 가려는 길이 없고, 먹을 양식이 없고, 마실 물이 없는 곳이 광야다. 이 '없음'의 현장은, 한마디로 말해, 모두가 다 가난하게 살아야만 하는 곳이다. 이런 광야를 헤쳐 가는 출애굽 공동체에게 하나님이 주셔서 먹게 하신 양식이 바로 만나다(출 16:4, 15). 모두가 다 주려 죽게 되었다고 여기던 곳에서, 먹을 것이라고는 하나도 없다고 여겨지던 곳에서, 가난 속의 풍요를 거두고 나누고 누리게 하는 하나님의 역사(役事)가 펼쳐졌다. 그 현장이 홍해를 건너 시내 광야 시내산으로 가는 광야 길이었다.

만나라는 이름 자체가 히브리어 '만 후'(이것이 무엇이냐)에서 왔다는 것은 만나가 땅에서 얻거나 세상에서 얻을 수 있는 양식이 아니었음을 드러낸다. 만나는 하늘에서 나린 양식이다. 사람이 경작해서 얻는 식량이 아니라 아침마다 일찍 광야에 나가서 그 지면에 서리처럼 맺혀 있는 것을 오멜로 거두어 굽거나 삶아서 먹는 식량이다(출 16:23). 하나님의 구원을 체험한 자들이 창조주 하나님의 은총을 배우고 익히게 되는 양식이다.

만나는 많이 거둔 자도 남는 것이 없고, 적게 거둔 자도 부족함 없이 각 사람 모두가 먹을 만큼 거두어 활용하던 식재료다. 만나를 거두어 담는 '오멜'에 주목하자. 오멜은 곡식을 재는 되이지만(출 16:36), 사람들이 보기에 많고 적은 것을 모두가 똑같은 양을 누리고 있음을 일깨우기 위해 하나님이 마련하신 도량형이었다.

만나는 공평한 양식이었다. 만나 거두기는 구원의 은총을 경험하며 사는 자들이 공의롭고 공평한 사회를 구현하던 방식이었다. 그 공의와 공평의 잣대가 먹거리에서부터 해결되는 방식을 출애굽 공동체는 광야에서 실천했다. 가려는 길이 없고, 먹을 양식이 없고, 마실 물이 없다는 '삼무'의 현장에서 "많이 거둔 자도 남음이 없고 적게 거둔 자도 부족함이 없는"(출 16:18) 길을 이스라엘이 걷게 된다. '온 회중이 주려 죽게' 되었다고 아우성치는 '삼무'(三無, 세 가지 없음)의 현장에서 '삼무'(三務, 세 가지 의무)의 실천을 결행하는 시공간이 만나로 구현되었다. 하나님의 말씀대로 거두고, 더 많이 거두고 싶다는 이기심을 내려놓아야 하고, 모두가 더불어서 함께 거두어야만 하는 세 가지 의무가 살아가기의 법도로 펼쳐졌다. 가난 속의 풍요에 대한 처방으로 만나 이야기가 주어진 것이다.

풍요를 넘어서는 가난, 가난을 넘어서는 풍요

구약이 말하는 '풍요와 가난'은 '풍요 속의 가난' 혹은 '가난 속의 풍요'를 지나 '풍요를 넘어서는 가난' 혹은 '가난을 넘어서는 풍요'에 대하여 말한다. 지금까지 다룬 풍요와 가난에는 풍요나 가난을 이 땅에서 누리는 삶의 넓이와 크기로 재려는 시각이 전제되어 있다. 이제는 삶의 넓이나 크기가 아닌 삶의 깊이를 사색해야 할 차례다.

하나님이 다스리시는 사회는 물량적인 잣대나 기준으로 평가하는 사회가 아니다. 주지하다시피, 출애굽은 단순히 '~로부터의 구원'이 아니라 '~을 위한 구원'이다. 무엇을 향한 구원인가? 출애굽의 감격을 노래 형식으로 전하고 있는 모세와 미리암의 글말에 따르면, 출애굽의 목적은 "여호와께서 영원무궁하도록 다스리시도다"(출 15:18)에 있다. 하나님이 다스리시는 세상을 이 땅에 과감하게 구현하기! 거기에 출애굽의 진정한 목적이 있다.

기독교 신앙의 용어로 말하면, 칭의(稱義)에서 성화(聖化)에 이르는 구원의 여정 안에서 풍요의 의미를, 가난함의 뜻을 되새겨야 한다. 거기에서 풍요는 없음의 반대말이거나 가난은 있음의 반대말이 되지 않는다. '없음' 속에 '있음'이 있고, '있음' 속에 '없음'이 있음을 기억하고, 그 기억을 삶으로 풀어내야 한다. 구약 레위기가 가르치는 안식년과 희년 규정은 이런 '없음'과 '있음'의 이중주를 삶으로 풀어내라는 하나님의 지시다.

> 너는 육 년 동안 그 밭에 파종하며 육 년 동안 그 포도원을 가꾸어 그 소출을 거둘 것이나 일곱째 해에는 그 땅이 쉬어 안식하게 할지니 여호와께 대한 안식이라 너는 그 밭에 파종하거나 포도원을 가꾸지 말며 네가 거둔 후에 자라난 것을 거두지 말고 가꾸지 아니한 포도나무가 맺은 열매를 거두지 말라 이는 땅의 안식년임이니라… 그 오십 년째 해는 너희의 희년이니 너희는 파종하지 말며 스스로 난 것을 거두지 말며 가꾸지 아니한 포도를 거두지 말라 이는 희년이니 너희에게 거룩함이니라 너희는 밭의 소출을 먹으리라 레 25:3-5, 11-12

세어 보라, 이 짧은 구절에 '말라'는 지시가 몇 번이나 나오는지를. 비록 우리말 표현이긴 하지만 위 인용문에서만 "가꾸지 말라"가 한 번, "파종하지 말라"가 한 번, "거두지 말라"가 네 번 나온다. 가꾸지 않으면 황폐하게 되고, 파종하지 않으면 얻을 것이 없게 되고, 거두지 않으면 가난하게 되는 시·공간에서 안식년·희년이라는 하나님의 시간표를 적극적으로 지키는 자가 되라고 가르친다. 이 가르침 속에는 가난함이나 풍

요함에 관한 지금까지의 이해를 송두리째 뒤집어 놓는 혜안
이 있다. 하나님의 말씀을 따르는 삶이 '있고' '없고'에 따라서
삶의 풍요와 가난이 진정 판가름 난다고 일러주기 때문이다.

하나님의 구원을 경험한 자들은 모두에게 고루 하늘의 은
총을 베푸시는 창조주 하나님의 뜻을 삶의 현장에서 이루어
내야 한다. 거기에서 물질의 풍요를 넘어서는 영적인 가난한
삶이 펼쳐진다. 세상에서는 가난하다고 여겨지는 자리에서라
도 세상이 주는 풍요를 넘어서는 가난한 자의 삶이 펼쳐진다
(마 5:3).

세상의 풍요로는 하나님의 나라를 세울 수 없다. 세상이
주는 풍요와 번영으로는 이 땅에다 하나님의 뜻이 실현되는
천국을 세울 수 없다. 풍요를 넘어서는 가난을 기꺼이 수용하
는 자들에게 찰스 웨슬리(Charles Wesley)의 찬양대로 "이 땅에
펼쳐진 우리의 하늘을 기대하는"(Anticipate Our Heaven Below) 일이
벌어지게 된다.[52] 위에 있는 하늘(heaven above)이 아니라 아래
에 있는 하늘(heaven below)이다.

하나님이 이루실 새 창조가 구현되는 현장이 다른 곳이 아
닌 우리가 살아가는 세계, 곧 창조주 하나님이 지으신 세계인
것을 잊어서는 안 된다. 그러기 위해서는 가진 자가 먼저 그렇
지 못한 자를 위한 형제의 의무를 다해야 한다. 구약이 전하는
하나님의 나라는 공간의 개념이 아니다.

하나님의 뜻이 실현되는 곳에서 하나님의 나라는 시작된다. 룻이 보아스를 만나서 거두고, 먹고, 나누었던 양식도 히브리어 '고엘'로 표현된 '더불어 살기'의 방식이다(룻 2:15-19). 거기에서 풍요를 넘어서는 가난, 가난을 넘어서는 풍요가 펼쳐진다. 양식이 없는 주림이 아니라 여호와의 말씀을 듣지 못한 기갈을 극복해야 한다(암 8:11). 거기에서 극심한 재난 속에서도 "통의 가루가 떨어지지 아니하고 병의 기름이 없어지지 않는"(왕상 17:14, 16) 은총까지 누리게 된다.

정음正音을 들어야 복음福音이 들린다

구약의 언어는 토라다. 토라는 정음(正音), 바른 소리다. 우리말 성경에서 토라는 율법이지만, 히브리어에서 토라는 가르침, 교훈, 지시다. 예컨대 모세의 가르침(신 17:11), 제사장의 가르침(렘 18:18), 부모의 가르침(잠 1:8)이 토라다. 토라에는, 이스라엘을 곧게 하려는, 하나님의 백성을 굳세게 하려는, 믿음의 자녀를 곧추세우는 바른 소리가 담겨 있다.

구약의 언어에서 토라는 길(道)이다. 토라 따르기는 하나님의 길 걷기다. 토라 지키기는 사람의 길이 아닌 하나님의 길을 걷는다는 뜻이다. 정호승 시인의 시 '봄길'을 보자.

"길이 끝나는 곳에서도/길이 있다//길이 끝나는 곳에서도/길이 되는 사람이 있다//스스로 봄길이 되어/끝없이 걸어가는 사람이 있다.

이 시를 빌리면, 사람의 길(路)이 끝나는 곳에서 하나님의 길(道)이 시작된다. 사람의 길이 끝나는 곳에서 하나님의 길을 걸어가는 사람이 있다. 길은 걷기의 현장이다. 서 있으면 땅이지만 걸으면 길이다. 길을 가려면 길을 따라서, 바르게, 제대로 걸어야 한다.

구약의 언어는 토라를 둘로 구분한다. 이야기체 토라와 규례나 법도 형식의 토라. 이야기체 토라는 '우리가 누구인지' 우리의 정체성(identity)을 밝히고, 규례와 법도 형식의 토라는 '우리가 어떻게 살아야 하는지' 우리의 살아가기의 방향(ethos)을 정한다. 이때 규례(혹킴)가 새로 정한 규정이라면, 법도(미쉬파팀)는 오래도록 지켜 온 질서다. 구약의 이스라엘 신앙은 이야기체 토라에서 이스라엘의 정체성을 확인했고, 규례와 법도 형식의 토라를 준행하면서 세상사를 헤쳐 갔다. "이스라엘아 이제 내가 너희에게 가르치는 규례와 법도를 듣고 준행하라 그리하면 너희가 살 것이요 너희 조상의 하나님 여호와께서 너희에게 주시는 땅에 들어가서 그것을 얻게 되리라"(신 4:1) 하시지 않았는가. 구약의 언어는 "내가 곧 길이요 진리요 생명이니 나로 말미암지 않고는 아버지께로 올 자가 없느니라"(요 14:6) 하신 신약의 말씀처럼 이스라엘을 '살림'으로 이끈다. 생명으로 가는 길에 들어서는 초청장이 구약의 언어로 기록된 하나님의 말씀이다. 이 말씀을 읽고 익혀야 이길 수 있다. 익힘에서 이김으로 나아가는 길이 바로 토라다.

구약의 언어는 소리다. 구약의 말씀에는 말씀하신 분의 음성이 담겨 있다. 성경을 가리키는 유대교 용어 미크라(Miqra)는, 구약의 됨됨이를 풀이하는 타나크(Tanakh)와는 달리, 구약 말씀의 쓰임새를 소리로 규정한다. 히브리어 '미크라'는 '부르심'이라는 뜻이다. 구약의 언어로 표현된 하나님의 말씀을 읽는다는 것은 구약에서 들리는 소리에 집중한다는 의미다. 복 있는 사람은 "오직 여호와의 율법을 즐거워하여 그의 율법을 주야로 묵상하는도다"(시 1:2)의 '묵상하기'가 여기에 닿는다. 구약의 언어로 표기된 하나님의 말씀을 묵상하려면 그 언어를 글자가 아닌 소리로 들어야 한다. 그냥 소리가 아니다. 말씀하시는 분의 음성으로 들어야 한다. 구약의 언어로 기록된 하나님의 소리가 하나님의 육성으로 되살아날 때 기록된 계시는 내 귀에 들리는 주 하나님의 음성이 된다.

역사적으로 구약의 토라는 율법으로 읽혔다. 바사가 온 세상을 통치하던 시절 유다 땅의 사람들은 하나님의 말씀을 법령(decree)으로 삼았다. 당시 에스라는 유다 땅의 사람들에게 하나님의 토라를 지키지 않으면 안 되는 법령으로 내세웠다. 하나님의 말씀을 꼭 지키지 않으면 안 될 '율법'(아람어 '다트')으로 삼았다(스 7:12, 14, 21, 25). 율법(律法)은 법률(法律)과 다르다. 두 글자에 다 '법 법(法)' 자와 '법 율 · 률(律)' 자가 있지만, 그 철자에서는 앞뒤 순서가 다르다. 법률은 사람이 정하지만, 율법은 하나님이 주셨다. 사람이 정한 법은 사람살이를 규제하지만, 하나님께서 정하신 법은 사람살이를 바르게 한다. 그래서 시편의 들머리는 "복 있는 사람은… 오직 여호와의 율법을 즐거워하여 그의 율법을 주야로 묵상하는도다"(시 1:1-2)라고 고백하였다. 우리말 개역개정과는 달리 히브리어 성경에서 이 구절은 '여호와의 율법 안에 있는 그의 즐거움'이라는 식의 명사구문이다. '복 있는 사람의 즐거움(헤페츠)은 여호와의 율법에 있다'라는 것이다. 복 있는 자의 브랜드를 '여호와의 율법을 즐거워하는 자'로 정해 놓았다. 밤낮으로 즐거워하기의 대상을 여호와의 율법으로 내세우고 있다.

구약의 언어는 우리를 즐거워하기 자리로, 기뻐하기 자리로, 복된 자리로 초대한다. 이 초대에 응한 자는 하나님의 말씀을 통째로(!) 먹어야 한다(렘 15:16; 겔 3:2-3; 계 10:10). 하나님의 사람은 하나님의 토라 묵상하기를 일상의 즐거움으로 채워야 한다. 우리말 개역개정에서 '묵상하다'(시 1:2)로 옮겨진 히브리어 '하가'는 발음이 분명하지 않은 소리를 가리킨다. 무슨 소리인지 분명하지는 않지만, 똑같은 말이 여러 번 되풀이되는 소리가 '하가'다. 구약의 언어 '하가'는 하나님의 말씀 즐거워하기의 길잡이다. 문(文)을 입으로 읊조릴 때 말씀은 귀에 들리는 소리(들을 문, 聞)가 되고, 그 소리의 안내로 말씀의 문(門)에 들어서서 묻고 불리고 풀면(물을 문, 問), 말씀의 무늬(무늬 문, 紋)가 내 삶에 새겨지는 기쁨을 누릴 수 있다. 정음이 들려야 복음을 깨닫는다. 구약을 정음으로, 신약을 복음으로 구분하자는 소리가 아니다. 정음 속에 복음이 있고, 복음 속에 정음이 있다. 그래서 하는 말이다. 문(文)이 문(聞)이 되어 문(門)에 들어서면, 문(問)은 문(紋)이 되어 우리를 기쁘게 한다.

1 김근,《욕망하는 천자문, 문자 속에 숨은 권력, 천자문 다시
읽기》(서울: 삼인, 2009), 242.

2 민복기, "상생(相生)제물서의 זבח שלמים 연구", 감리교신학대
학교대학원 2007학년도 박사학위 논문, 6-30, 257-260.

3 크리스토퍼 레빈, 소형근 역, "구약성서의 행복한 삶"(Glückliches
Leben nach dem Alten Testament), 〈복음과 신학〉 12(2010. 12), 28.

4 김소연,《마음사전》(서울: 마음산책, 2012), 59.

5 Eckart von Hirschhausen, 박규호 역,《행복은 혼자 오지 않
는다》(서울: 은행나무, 2010).

6 비교 김정우,《시편주석 II》(서울: 총신대학교출판부, 2005), 679-680.

7 David J. A. Clines, *The Theme of the Pentateuch* (Sheffield:
JSOT, 1978).

8 Walter Brueggemann, *The Land: Place as Gift, Promise,
and Challenge in Biblical Faith* (Philadelphia: Fortress, 1982); 왕
대일, "땅에 대한 구약성서적 이해", 〈기독교사상〉 312 (1984.
06), 19-31.

9 Leslie Brisman, *The Voice of Jacob, On the Composition of
Genesis* (Bloomington: Indiana University, 1990), 42.

10 Jon D. Levenson, *Sinai and Zion*, 홍국평 역,《시내산과 시
온》(서울: 대한기독교서회, 2012).

11   T. Desmond Alexander, *From Paradise to the Promised Land: An Introduction to the Pentateuch* (Carlisle, U.K.: Paternoster, 2002), 85; Walter C. Kaiser, Jr., *The Promise-Plan of God: A Biblical Theology of the Old and New Testaments* (Grand Rapids: Zondervan, 2008), 63-64.

12   David A. Bosworth, "Weeping in the Psalms", *Vetus Testamentum* 63 (2013), 36-46, 특히 38.

13   박몽구, "김현승의 기독교 시 연구", 〈한국시학연구〉 11호 (2004. 11), 58의 각주 16번.

14   방기민, "시편 126편 초막절 배경에서 읽기", 〈구약논단〉 25:1 (2019), 151-182.

15   방기민, "시편 126편 초막절 배경에서 읽기", 159, 163.

16   David A. Bosworth, "The Tears of God in the Book of Jeremiah", *Biblica* 94:1 (2013), 24-46, 특히 44.

17   Bosworth, "The Tears of God in the Book of Jeremiah", 45.

18   김열규, 《韓國人의 유머》 중앙신서 28 (서울: 중앙일보사, 1981), 12-13, 류종영, 《웃음의 미학》 (서울: 유로서적, 2005), 30-31에서 재인용.

19   류종영, 《웃음의 미학》, 18-19.

20 비교 류종영,《웃음의 미학》, 94-104.

21 히브리어 동사 '차하크'(פֿחַצ)가 '웃다'로 쓰이는 경우는 다
음과 같다. 창 17:17; 18:12, 13, 15[x2]; 19:14(농담으로 여기다);
21:6, 9(놀리다); 26:8(껴안다); 39:14, 17(희롱하다); 출 32:6(뛰놀다);
삿 16:25b(재주를 부리다). 사사기 16장 25절의 경우 히브리어
동사 '차하크'(피엘 piel)와 '사하크'(피엘)가 각각 한 번씩 나온
다. 창세기 21장 6절에서는 '차하크'가 명사형(체호크 פֿחַצ, 웃
음)으로 거론된다. 구약에서 '웃음'(세호크 פֿחַש)이 나오는 경
우는 다음과 같다. 욥 8:21; 12:4(x2), 시 126:2; 잠 10:23(낙);
14:13; 전 2:2; 7:3, 6; 10:19(희락); 렘 20:7(조롱거리); 48:26(조
롱거리), 27(조롱), 39(조롱거리); 애 3:14(조롱거리). 히브리어 동사
'사하크'(פֿחַש 웃다)가 활용된 경우는 다음과 같다. 삿 16:25a,
27(재주 부리다); 삼상 18:7(뛰놀다); 삼하 2:14(겨루다); 6:5(연주하다),
21(뛰놀다); 대상 13:8(뛰놀다); 15:29(뛰놀다); 대하 30:10(조롱하다);
욥 5:22(비웃다); 29:24(미소하다); 30:1(비웃다); 39:7(비웃다), 18(우습
게 여기다), 22(두려움을 모르다); 40:20(뛰놀다); 41:5(가지고 놀다), 29(우
습게 여기다); 시 2:4(웃다); 37:13(비웃다); 52:6(비웃다); 59:8(비웃다);
104:26(놀다); 잠 1:26(웃다); 8:30(즐거워하다).

22 류종영,《웃음의 미학》(서울: 유로서적, 2005), 128-129.

23 류종영,《웃음의 미학》(서울: 유로서적, 2005), 129.

24 "אָב 'ab father," E. Jenni and C. Westermann, *Theological
Lexicon of the Old Testament*, vol. I (Peabody, Mass.:
Hendrickson, 1997), 2.

25 다석학회 엮음,《다석강의》(서울: 현암사, 2006), 179.

26 박재순,《다석 유영모》(서울: 현암사, 2009), 239.

27 1972년 8월 3일 이후의 다석일지. 다석(多夕) 유영모(柳永模, 1890~1981)는 말년에 '으브디'를 부르며 지냈다. 박재순,《다석 유영모》(서울: 홍성사), 239.

28 왕대일,《창조 신앙의 복음, 창조 신앙의 영성》(서울: 대한기독교서회), 26.

29 왕대일,《새로 읽는 구약성경》(서울: CMI), 143.

30 신사빈, "인상주의와 빛의 미술: 일상의 재발견",〈기독교사상〉764 (2022년 8월), 160-174, 특히 161-162.

31 John Goldingay, *Old Testament Theology*, vol. 1, 2, 3 (Downers Grove, IL: InterVarsity, 2003, 2006, 2009).

32 Goldingay, *Old Testamnet Theology*, 585-707.

33 Goldingay, *Old Testamnet Theology*, 602.

34 최성우,《국어의 고수 3》(서울: 커뮤니케이션북스), 180-181.

35 왕대일,《창조 신앙의 복음, 창조 신앙의 영성》(서울: 대한기독교서회), 85.

36 왕대일,《창조 신앙의 복음, 창조 신앙의 영성》(서울: 대한기독교서회), 87.

37 Leslie Brisman, *The Voice of Jacob* (Bloomington: Indiana University, 1990), 86.

38 Laurence A. Turner, *Genesis* (Sheffield Academic), 143.

39 Brisman, *The Voice of Jacob*, 87-88.

40 Kenneth D. Litwak, "Hate, Hatred", *The New Interpreter's Dictionary of the Bible*, vol. 2, 748-749.

41 Francis Brown, S. R., Driver, C. A. Briggs, *Hebrew and English Lexicon of the Old Testament* (Oxford: Clarendon, 1976), 966.

42 Stephen Westerholm, "Forgiveness", *The New Interpreter's Dictionary of the Bible*, vol. 2, 480-485.

43 John Goldingay, *Old Testament Theology* vol. 3, *Israel's Life* (Downers Grove, IL.: InterVarsity Press, 2009).

44 이 글의 일부는 필자가 〈기독교사상〉(2003년 7월호)에 "성서의 숨결, 힘겨루기·패가르기·키재기(창 25:22-34)"라는 제목으로 기고한 원고에서 따왔다.

45 D. N. Freedman, "The Original Name of 'Jacob'", *Israel Exploration Journal* 13:2(1963), 125-126, 빅터 해밀턴,《창세기 2》(서울: 부흥과개혁사, 2018), 228에서 재인용.

46 Desmond Morris, *The Naked Ape*, 김석희 역,《털 없는 원숭이》(서울: 문예춘추사, 2020).

47 David Jobling, "Wealth", *The New Interpreter's Dictionary of the Bible*, vol. 5, 825.

48 Leslie J. Hoppe, "Poverty", *The New Interpreter's Dictionary of the Bible*, vol. 4, 575.

49 왕대일,《신명기 강의》(서울: 대한기독교서회, 2011), 288-289.

50 왕대일,《신명기 강의》, 193.

51 왕대일,《신명기 강의》, 195.

52 왕대일,《구약과 웨슬리》(서울: kmc. 2019), 47-48.